Mona und Erik Zimen • Geschichten vom Bauernhof

OMNIBUS

DER Erik Zimen, geboren 1941, ist in Schweden aufgewachsen. Seit 1971
AUTOR lebt er in Deutschland. Er war Mitarbeiter des Verhaltensforschers Konrad Lorenz, bevor er im Nationalpark Bayerischer Wald und in den Abruzzen Forschungsprojekte über Wölfe betreute. Zimen hat zahlreiche Bücher veröffentlicht sowie Fernsehfilme produziert. Zusammen mit seiner Frau Mona, die als Lehrerin für Künstlerisches Gestalten und Tanz tätig ist, lebt er auf einem Einödbauernhof in Niederbayern, umgeben von Tieren. Dort haben beide oft Besuch von vielen Kindern.

Von Mona und Erik Zimen sind bei OMNIBUS erschienen:
Danil und Wika – Die Welt am Ende der Welt (20950)

Erik Zimen

Geschichten vom Bauernhof

Mit Illustrationen
von Mona Zimen

 Band 20951

Der Taschenbuchverlag
für Kinder und Jugendliche
von Bertelsmann

Umwelthinweis:
Dieses Buch wurde auf chlorfrei
gebleichtem Papier gedruckt.

Erstmals als OMNIBUS Taschenbuch Mai 2001
Gesetzt nach den Regeln der Rechtschreibreform
© 1998 C. Bertelsmann Jugendbuch Verlag, München
in der Verlagsgruppe Bertelsmann GmbH
Alle Rechte vorbehalten
Lektorat: Frank Griesheimer
Umschlagbild und Innenillustrationen: Mona Zimen
Umschlagkonzeption: Klaus Renner
Ht · Herstellung: Peter Papenbrok
Satz: Uhl + Massopust, Aalen
Druck: Presse-Druck Augsburg
ISBN 3-570-20951-2
Printed in Germany

www.omnibus-verlag.de   10 9 8 7 6 5 4 3 2 1

Inhalt

1. Kapitel
Alle warten auf das kleine Fohlen 9

2. Kapitel
Elia – mein Esel 26

3. Kapitel
Ein Hof voller Tierkinder 40

4. Kapitel
Ein Wettrennen auf der Weide 51

5. Kapitel
Die Dreierbande 70

6. Kapitel
Kolk wird eingesperrt 83

7. Kapitel
Der Fuchs und der Hahn 98

8. Kapitel
Elia geht baden 107

9. Kapitel
Eine Hochzeit mit Tieren 123

10. Kapitel
Elia läuft weg 146

11. Kapitel
Eine Falle für Kolk 168

12. Kapitel
Die Treibjagd 181

13. Kapitel
Weihnachten im Stall 198

1. Kapitel
Alle warten auf das kleine Fohlen

Wenn Hanna unten an der Straße, die von Baumgarten nach Sankt Oswald führt, aus dem Schulbus steigt, hat sie es nicht mehr weit. Sie muss nur noch durch das Dorf Talham und dann auf der gewundenen Allee den Berg hinauf nach Buchenau. So heißt der Bauernhof, auf dem sie zu Hause ist.

Hanna geht gerne zur Schule, aber sie freut sich auch jedes Mal, wieder nach Buchenau zurückzukommen. Manchmal macht sie vorher noch einen kleinen Abstecher zu ihrem Lieblingsplatz. Kurz vor dem Hof zweigt von der Allee ein schmaler Pfad ab, der weiter den Berg hinaufführt, zu einer kleinen Kapelle am Waldrand.

Von hier aus hat man eine besonders schöne Aussicht. Vor einem liegen unter alten Bäumen das weiße Haus von Buchenau, daneben in einer kleinen Senke der rot bemalte Stall, die Scheune und der Schuppen.

Dahinter erstreckt sich das weite Hügelland mit Feldern und Wäldern, mit den verstreut liegenden Höfen und den kleinen Dörfern, aus deren Mitte immer ein Kirchturm ragt. Und an ganz klaren Tagen kann man in weiter Ferne sogar die schneebedeckten Gipfel der hohen Berge sehen.

Für Hanna ist dies der schönste Platz auf der Erde.

Sie hat zwar noch nicht viele Plätze gesehen, denn sie ist ja erst sieben Jahre alt. Aber zwischen Buchenau und Baumgarten, wo sie zur Schule geht, ist es der schönste. Und nicht nur wegen der prachtvollen Aussicht, sondern vor allem wegen der kleinen Kapelle. Ihre Eltern haben sie gebaut, als Hanna geboren wurde.

„Weil wir so lange auf dich gewartet haben", hat Mama einmal gesagt. Und Papa hat Hanna dann in die Arme genommen und ganz fest gedrückt.

Heute aber hat Hanna keinen Sinn für schöne Aussichten und solche Dinge. Nach der Schule rennt sie durch das Dorf und die ganze Allee hinauf nach Hause. An der Böschung liegen noch Reste der großen Schneewehen, die im Winter so hoch waren, dass Hanna einige Tage lang nicht zur Schule gehen konnte. Jetzt aber ist fast alles weggetaut und nichts hält Hanna auf. Erst als sie unter der großen Hainbuche vorbeikommt, die schon zum Hof gehört, läuft sie etwas langsamer. Denn man weiß ja nie, wie Olmo, der Pfau, heute gelaunt ist. Wenn er nämlich schlechte Laune hat, dann sitzt er hinter der Hainbuche und wartet darauf, dass er jemanden ärgern kann. Manchmal stößt er einen schrillen Pfiff aus, um Hanna zu erschrecken, oder er kneift sie sogar mit seinem spitzen Schnabel.

Aber Olmo ärgert heute wohl nur die Hühner, denn er ist nirgends zu sehen. Hanna wirft ihren Schulranzen in die Veranda vor dem Haus und rennt zum Stall hinunter.

„Na, du hast es heute aber eilig", ruft ihr Mama hinterher, die gerade hinter dem Haus mit einem Strauß Schneeglöckchen hervorkommt.

„Ja, ja", ruft Hanna zurück und läuft weiter.

„Johanna, nimm wenigstens Kerlchen mit!"

Doch Hanna lässt sich nicht bremsen. Kerlchen ist ihr kleiner Bruder, der immer schon darauf wartet, dass sie von der Schule kommt. Aber heute hat sie keine Zeit. Die Hühner stieben gackernd auseinander, und sogar der Pfau stolziert zur Seite, als Hanna zum Stall eilt, die Tür aufreißt und zur Box der Esel stürzt. Jetzt muss es doch endlich so weit sein!

Aber nein, es ist wieder nichts! Seit Wochen schon wartet Hanna darauf, dass Rosina, die Eselin, endlich ihr Fohlen bekommt. Roberto, der Eselhengst, hat Rosina im letzten Frühjahr, als noch Schnee lag, gedeckt. Das hat Hanna selbst gesehen, mehrmals. Und Papa hat damals gesagt, dass der kleine Esel wohl um Fasching herum zur Welt kommen würde, also mitten im Winter. Doch jetzt ist es bald Frühling, Rosina ist dick wie eine Tonne und das Fohlen ist immer noch nicht da.

„Vielleicht ist es wie bei Flecki", sagt Kerlchen, der

hinter Hanna in den Stall gekommen ist. „Vielleicht hat sie nur Luft im Bauch?"

„Nein", sagt Hanna und wendet sich zu ihrem Bruder um. „Ich kann die Hufe des Fohlens ja schon fühlen. Man kann sogar sehen, wenn sich das Fohlen bewegt."

„Das meint Papa bei Flecki auch immer", sagt Kerlchen. Er ist ganz stolz, dass er etwas von der Geschichte versteht.

Hanna schüttelt den Kopf. „Das ist doch ganz was anderes. Flecki ist jedes Jahr im Frühling so dick. Aber Rosina ist dünn und nur ihr Bauch ist dick."

Sie klettert durch die Stangen zu den Eseln. Rosina legt ihren wuscheligen Kopf vorsichtig auf Hannas Schulter und lässt sich zwischen den Ohren kraulen. Roberto schaut zu, dann stupst er Hanna mit seiner weichen Schnauze sanft in den Rücken.

Auch Kerlchen klettert in die Box und Hanna zeigt ihm, wo man an Rosinas Bauch die Fußtritte des Fohlens spüren kann. Kerlchen legt seinen Arm auf den runden Bauch und dann drückt er auch noch sein Ohr ins Fell der Eselin.

„Ich glaube, das Fohlen schläft", sagt er nach einer Weile. „Es schnarcht."

„Quatsch", sagt Hanna. „Das ist nur das Heu im Magen, das so komische Geräusche macht. Du kannst das Fohlen nicht hören. Nur fühlen."

Unter den vielen Tieren auf dem Hof hat Hanna die beiden Esel am liebsten, sogar lieber als Flecki, ihr Pony. Flecki ist wild und eigensinnig und ein wenig launisch. Das gefällt Hanna, obwohl sie sich manchmal sehr über Flecki ärgern muss. Aber über Rosina und Roberto muss sie sich fast nie ärgern.

„Sie sind ein richtiges Liebespaar, die beiden", hat Mama schon oft gesagt und das stimmt auch. Sie halten immer zusammen. Wo der eine ist, ist auch der andere. Was der eine macht, das macht auch der andere. Wenn sie herumtollen, rennen sie nebeneinanderher und versuchen den anderen wegzudrücken. Dabei beißen sie sich gegenseitig in den Nacken. Aber ganz vorsichtig. Und manchmal küssen sie sich sogar. Oder es sieht wenigstens so aus, als würden sie sich küssen. Man kann sehen, dass sie sich lieb haben.

Und sie sind so anhänglich. Wann immer sie Hanna im Stall oder auf der Weide sehen, rufen sie heiser „Iiih-aa, iiih-aaa" und kommen sofort angelaufen. Nicht wie Flecki und die großen Pferde, um nach Brot oder Hafer zu betteln, sondern einfach so. Nur um bei Hanna zu sein. Und um ihre sanften Schnauzen in ihren Bauch zu stupsen. Oder vorsichtig an ihrer Jacke zu knabbern.

„Jetzt habe ich was gefühlt", ruft Kerlchen und hüpft vor Aufregung auf einem Bein herum.

„Du kannst doch gar nichts fühlen, wenn du nicht deinen Arm auf ihrem Bauch liegen lässt", sagt Hanna.

„Aber gesehen habe ich was", meint Kerlchen und hüpft weiter.

Hanna legt vorsichtig ihren Arm um die Eselin.

Rosina und Roberto stammen aus Italien. Sie sind Zwergesel, die Mama und Papa einmal von einer Reise mitgebracht haben. Damals waren sie noch richtige kleine Fohlen und ganz scheu. Aber jetzt sind sie sehr zutraulich und auch fast so groß wie Hanna. Und Rosina erwartet ihr erstes Fohlen. Davon ist Hanna fest überzeugt, wenn es auch eigenartig ist, dass es so lange dauert. Im letzten Frühjahr, als Roberto immer wieder auf Rosina aufgesprungen ist, ging Hanna noch nicht zur Schule. Und jetzt hat sie bald die erste Klasse beendet. Na ja, in vier, fünf Monaten. Wenn die großen Ferien beginnen.

„Na, ihr zwei. Wie geht's Rosina?", sagt Papa, der zu ihnen in den Stall gekommen ist.

Er ist auf Buchenau der Bauer. Trotzdem findet Hanna, dass er nicht wie ein Bauer aussieht. Nicht weil er einen Bart hat. Den haben viele andere Bauern auch. Aber irgendwie ist er anders.

Vielleicht weil er eine Brille trägt und sie immer verlegt. Manchmal ist er so zerstreut, dass man richtig ungeduldig mit ihm wird. Außerdem bringt er alles durcheinander. Von Tieren aber versteht er was. Mehr sogar als Opa, der noch viel länger ein Bauer gewesen ist als Papa.

„Rosina geht es gut", sagt Hanna und schaut ihren Vater fragend an. „Wann bekommt sie denn endlich ihr Fohlen?"

„Wenn ich das nur wüsste", sagt Papa. „Bei Pferden kommt es vor, dass sie ein Jahr und noch länger trächtig sind. Vielleicht ist es bei den Eseln genauso."

„Nur bei Flecki ist es anders", sagt Kerlchen. „Sie ist immer trächtig und bekommt trotzdem nie ein Fohlen."

Papa lacht.

Hanna weiß, warum. Ihr Vater und Flecki! In jedem Frühjahr macht das Pony ihm etwas vor. Sie frisst sich kugelrund und Papa glaubt dann jedes Mal, dass sie bald ein Fohlen bekommt. Er sagt dann immer: „Kinder, wir bekommen ein zweites Pony", und geht mit ihnen jeden Morgen in den Stall, um nachzuschauen. Und er lässt Flecki auf die beste Weide. Damit das Fohlen in ihrem Bauch gut ernährt wird. Doch sie bekommt gar kein Fohlen. Nie! Seit sie auf dem Hof ist, macht sie das immer so. Und Papa fällt in jedem Frühjahr wieder darauf rein.

Bei Rosina ist es aber wirklich etwas anderes. Papa bückt sich und untersucht ihre beiden Zitzen zwischen den Hinterbeinen. Die sind groß und ganz fest. Er drückt darauf und sofort schießt ein dünner Milchstrahl heraus.

„Kein Zweifel", sagt er. „Sie bekommt ein Fohlen."

„Ja, aber wann denn?", fragt Hanna ganz ungeduldig. „Und warum dauert es so lange?"

Papa streicht der Eselin über den Bauch.

„Wir haben zwar gesehen, wie Roberto sie gedeckt hat, aber vielleicht wurde sie dabei gar nicht schwanger. Vielleicht wurde sie ein paar Monate später noch einmal gedeckt, ohne dass wir es gesehen haben", sagt er und steht wieder auf. „Auf jeden Fall bekommt sie ein Fohlen. Und ich glaube, dass es bald so weit ist."

„Ehrenwort?", fragt Hanna.

Papa antwortet nicht gleich. Er krault Rosina auf dem Kopf. Vergnügt legt die Eselin ihre langen Ohren zurück und drückt dann ihre warme, zarte Nase in seine Hand. Er hebt ihre Schnauze und schaut ihr einen Moment in die dunklen Augen. Dann dreht er sich zu den Kindern um.

„Ehrenwort!", sagt er und gibt Hanna die Hand darauf.

Nun muss Papa wieder gehen. Er versucht, mit einem Satz über die Stangen in die Box nebenan zu springen. Aber das klappt nicht so recht.

„Da will man vor seinen Kindern mal ein wenig angeben", sagt er, „und dann muss man doch wie ein alter Mann über die Stangen klettern …"

Hanna ruft ihm nach: „Papa, dürfen Kerlchen und ich heute Nacht bei den Eseln im Stall schlafen, um die Geburt zu sehen?"

„Da würdet ihr nicht viel sehen, denn das geht so schnell."

„Ach, bitte, Papa!", bettelt Hanna.

„Und was ist mit der Schule?", fragt er.

„Wir haben doch ab morgen Ferien", antwortet sie.

„Ach ja. Es ist ja bald Ostern. Ich komme überhaupt nicht mehr mit", sagt er und schüttelt den Kopf. „Die Zeit vergeht so schnell."

„Also, dürfen wir?", fragt Hanna.

Papa überlegt. „Heute nicht. Weil morgen noch mal Schule ist. Aber von mir aus morgen Abend. Wenn Mama einverstanden ist."

„Das ist sie bestimmt", sagt Hanna leise, nachdem Papa verschwunden ist. Und ihr Bruder nickt gewichtig mit dem Kopf. Obwohl er nicht richtig verstanden hat, um was es geht. Hanna umarmt Rosina und flüstert ihr ins Ohr: „Bitte, jetzt musst du noch einen Tag warten. Damit Kerlchen und ich zuschauen können, wie du dein Fohlen bekommst."

Der letzte Schultag vor den Ferien vergeht besonders langsam. Frau Nitzl liest Geschichten von Ostern vor und erzählt von früher, als sie noch klein war. Damals bekamen die Kinder am Ostersonntag nur ein einziges Ei geschenkt, weil die meisten Menschen sehr arm waren.

Hanna hört Frau Nitzl sonst immer gerne zu, denn sie ist die netteste Lehrerin, die es gibt. Bis auf Mama natürlich. Die ist nämlich auch Lehrerin an Hannas Schule. Aber bei Mama hat sie nur Sport und an einem Nachmittag in der Woche Tanzunterricht. Ihre richtige Lehrerin ist Frau Nitzl, die viel, viel älter ist und eine ganz weiche Haut hat mit vielen Falten. Sie kann so spannend erzählen, dass es Hanna manchmal richtig kribbelt und ihr Schauer über den Rücken laufen.

Doch heute kann sie es nicht erwarten, dass die Schule endlich aus ist. Sie hat an diesem Tag nur eines im Kopf, und das ist Rosina, die Eselin.

Auch die Fahrt mit dem Schulbus dauert eine Ewigkeit. Hanna sitzt neben Sylvia. Das ist ihre beste Freundin, mit der sie sonst immer viel Spaß hat. Aber heute starrt sie nur aus dem Fenster.

„Was ist denn los mit dir?", fragt Sylvia schließlich, als sie in Talham aussteigen.

„Nichts", ruft Hanna und läuft schon davon. „Rosina bekommt ihr Fohlen und da will ich dabei sein!"

Wieder fliegt der Ranzen auf die Veranda, wohin er eigentlich nicht gehört. Und wieder ruft Mama streng „Johanna!" statt wie sonst „Hanna". Doch ihre Tochter ist nicht zu bremsen. Sie muss zum Stall.

Heute allerdings hofft sie, dass Rosina ihr Fohlen *noch nicht* bekommen hat.

Und sie hat Glück. Rosina und Roberto sind auf der Weide. Ohne Fohlen. Sofort kommen sie zu Hanna angetrippelt.

Aber Hanna hat jetzt keine Zeit. Sie muss Mama überreden. Also nichts wie zurück zum Haus.

Mama weiß natürlich schon von Hannas Wunsch, im Stall zu schlafen. Und sie hat nichts dagegen! Was Hanna betrifft. Ob aber auch Kerlchen im Stall schlafen darf, das hat sie noch nicht entschieden.

„Er ist doch erst drei und gerade erst aus den Windeln gewachsen", findet sie.

Doch da macht Kerlchen seinem Namen mal wieder alle Ehre. Eigentlich heißt er ja Karl. Nach dem Großvater, der mit Großmutter im kleinen Haus nebenan wohnt. Und um den kleinen Karl nicht mit dem großen zu verwechseln, wurde er dann Karlchen genannt. Doch langsam wurde daraus Kerlchen. Weil der kleine Karl schon sehr früh ein ganzer Kerl sein wollte. Ein Kerl, genauso stark und so mutig wie seine Schwester.

„Ich habe keine Angst", ruft er, obwohl es ihm nicht recht geheuer ist, dass Hanna und er allein im Stall schlafen sollen. „Ich will auch sehen, wie das Fohlen aus Rosinas Bauch hüpft."

Da drückt Mama ihn ganz fest an sich und sagt: „Na klar. Was so ein Kerlchen ist und ein Kerl werden will, darf keine Angst vor der Dunkelheit haben."

Am liebsten würde Kerlchen eng an sie hinschlüpfen. Er beißt sich aber ganz fest auf die Zunge, um nicht zu verraten, dass er sich fürchtet.

Und so ziehen die beiden Kinder dann am Abend des Gründonnerstags zu den Eseln in den Stall. Hanna will nicht einmal, dass Mama oder Papa mitkommen, um ihnen ein Lager herzurichten. Nein, sie will alles selbst machen. Und was sie will, das will auch Kerlchen. Sie haben zwei Schlafsäcke dabei, eine Taschenlampe und einen Beutel voll mit Obst und belegten Broten. Außerdem hat Hanna ihr Taschenmesser mitgenommen.

„Für alle Fälle", meint sie.

„Für was für Fälle denn?", fragt Kerlchen vorsichtig.

„Na, für Räuber oder Marder oder wegen der Frösche …", antwortet Hanna.

Kerlchen sieht sie erstaunt an. „Wieso Frösche? Die sind doch gar nicht gefährlich."

„Nein, das nicht", sagt Hanna. „Aber das Buchenmännchen kann Kinder in einen Frosch verwandeln. Wenn es will."

„Stimmt doch gar nicht!", ruft Kerlchen.

Von Mama hat er gehört, dass das Buchenmännchen ein lieber Stallgeist ist, der die Tiere im Stall beschützt. Er weiß sogar, wo das Buchenmännchen wohnt. Nämlich in einem kleinen Haus ganz oben unter dem Dach. Weil es so klein ist, kaum so groß wie ein Küken.

„Doch, doch", sagt Hanna und grinst. „Das Buchenmännchen kann das."

Kerlchen sieht im Schein der Stalllaterne die zwinkernden Augen seiner Schwester.

„Stimmt nicht, stimmt nicht", singt er, um sich Mut zu machen. „Das ist alles gelogen!"

„So?", fragt Hanna. Sie knipst die Taschenlampe an und beleuchtet ihr Gesicht von unten. Das sieht ganz unheimlich aus mit den langen Schatten und den tiefschwarzen Löchern, dort wo die Augen sind. „So?", sagt sie noch einmal und geht nah an Kerlchen heran, der langsam zurückweicht. „Du glaubst also nicht, dass ich dich in einen Frosch verwandeln kann?"

Kerlchen erstarrt.

„Nein", sagt er schließlich leise. „Das glaube ich nicht."

„Du wirst ja sehen! Jetzt verwandele ich dich in einen Frosch." Hanna ist ganz nah an Kerlchen herangetreten und ihre Stimme ist so tief wie die von einem Stier, der seine Kühe auf der Weide verloren hat und nach ihnen ruft.

„Nein, bitte nicht", fleht Kerlchen sie an. Sein Mund zittert und erste Tränen rollen schon über seine Wangen.

„Na, dann eben nicht", sagt Hanna. Auf einmal ist sie wieder völlig normal. „Komm, hilf mir, das Stroh auszubreiten. Und keine Angst, niemand wird dich in einen Frosch verwandeln."

„Auch nicht das Buchenmännchen?" So richtig sicher fühlt sich Kerlchen noch nicht.

„Nein. Das passt nur auf die Tiere im Stall auf. Das Buchenmännchen ist lieb."

Er hat es ja gewusst. Aber erst jetzt fühlt er sich wieder sicher. Nun hilft er Hanna, die Strohbündel in die Box der Esel zu schleppen.

Rosina und Roberto sind aufgewacht und blinzeln im fahlen Licht der Laterne. Tief im Stroh versteckt, liegen sie beieinander und recken nur ihre Köpfe mit den langen Ohren hervor.

Die Kinder breiten das frische Stroh in der Box aus, machen sich eine Kuhle darin und legen dann ihre Schlafsäcke hinein. So haben sie eine richtig kuschelige Ecke und können im Stall alles überblicken.

Die Stalllaterne breitet ein wohliges Licht über alle. Kaum ein Laut ist zu hören. Nur das leise Kauen der Tiere, die noch nicht schlafen.

In der Box nebenan ziehen die großen Pferde noch ein paar Halme aus der Heuraufe. Flecki, das Pony, hat sich hingelegt. Auch die Rinder liegen in ihrem Teil des Stalls alle dicht beieinander. Genauso die Schafe und Capra, die Ziege, in der Schafsbox im hinteren Eck des Stalls. Über ihnen sitzen die Hühner eng aneinander gepresst auf ihrer Stange, ein Bein angezogen und den Kopf in die Federn gesteckt. Zuerst haben sie den Kindern noch mit einem Auge zugeschaut. Bald aber schlafen sie wieder fest. Im Stall ist die Nacht eingekehrt.

Draußen taucht der Mond ganz Buchenau und die Felder ringsum in blaues Licht. Frühlingswolken ziehen langsam an ihm vorbei, ein schwacher Wind rauscht durch die noch kahlen Bäume. Nicht einmal der Waldkauz ruft. So still ist die Nacht.

Nur Kolk, der Kolkrabe, blinzelt neugierig von der hohen Birke auf den Stall hinunter.

2. Kapitel
Elia – mein Esel

Es dämmert schon, als Hanna erwacht. Die Hähne krähen vor dem Stall und die Gänse schnattern. Hier drinnen aber regt sich nichts. Die Pferde sind fort und auch die Schafe und die Kühe sind zum Fressen auf die Weide gezogen. Nur ein paar Hühner picken noch im Mist herum.

Hanna fährt erschrocken auf. Und was ist mit den Eseln?

Gott sei Dank! Roberto und Rosina liegen noch immer neben ihr im Stroh, als ob nichts wäre. Hanna robbt zu ihnen hinüber und betastet Rosinas Bauch. Der ist noch genauso dick wie gestern Abend. Aber seltsam ist, dass die Esel nicht auf der Weide sind.

Hanna streichelt Rosina über den Kopf.

„Bekommst du dein Junges jetzt bald?", flüstert sie ihr ins Ohr.

Rosina hebt ein wenig den Kopf, stupst Hanna aber

nicht wie sonst mit der Schnauze, sondern schaut nur irgendwohin, weit weg.

Da kriecht Hanna zurück auf den Strohhaufen und in ihren Schlafsack hinein. Neben ihr schläft Kerlchen tief eingemummelt. So früh am Morgen ist es ganz schön frisch im Stall. Sie legt sich auf den Rücken und schaut hinauf ins Gebälk.

Obwohl sie sich gestern Abend vorgenommen hatten, die ganze Nacht wach zu bleiben, konnte Kerlchen bald seine Augen kaum noch offen halten. Er hat noch gemurmelt: „Da, das Buchenmännchen!", und seinen Arm nach oben gestreckt.

Hanna konnte aber nur eine Maus sehen, die hinter einem Balken verschwand.

„Wo denn?", fragte sie. Doch sie bekam keine Antwort mehr. Kerlchen war schon fest eingeschlafen.

Und bald danach hatte auch sie sich nicht mehr wach halten können.

Gut, dass Rosina das Fohlen nicht in der Nacht bekommen hat, denkt sie jetzt. Sonst hätten sie beide nämlich nichts davon mitbekommen.

Es ist nun wieder kuschlig warm in ihrem Schlafsack. Hanna döst ein wenig. Irgendwo schreit der Pfau. Das klingt wie das laute Miauen einer Katze. Vor dem Stall krähen die Hähne. Und ein Huhn verkündet lautstark, dass es ein Ei legen will. Ganz weit weg hört sie auch noch Kolk schreien, ihren zahmen Raben.

Eigentlich ist er ja Papas zahmer Rabe. Denn der hat Kolk aufgezogen. Er war nämlich aus seinem Reisignest gefallen, ganz oben in einem Baum. Papa war im Wald gewesen und hatte Brennholz gesägt. Da sah er auf einmal einen schwarzen Vogel von Ast zu Ast fallen und schließlich auf dem Boden landen. Dort ist er dann fürchterlich schreiend umhergehüpft.

Er war vermutlich das kleinste Junge im Nest. Deswegen haben die anderen ihn einfach hinausgestoßen, als kein Platz mehr da war, hat Papa erzählt. Und nun sah er diesen Schreihals durchs Unterholz hüpfen. Seine Eltern haben sich nicht um ihn gekümmert, sondern nur seine Geschwister weiter gefüttert, die oben im Nest geblieben waren. Da rannte Papa dem kreischenden Vogel hinterher, warf seine Jacke über ihn und nahm ihn mit nach Hause.

Kolk war erst mal völlig eingeschüchtert, denn er gab keinen Laut mehr von sich. Doch dann, als Papa ihn in die Waschküche unten im Keller sperrte, begann er wieder herzzerreißend zu schreien. Die Wände im ganzen Haus haben gewackelt, behauptet Mama. Trotzdem nahm er das Futter an, das Papa ihm gab. Zuerst Käfer und Regenwürmer und dann, als sein Appetit immer größer wurde, hart gekochte Eier, tote Mäuse und alles, was in der Küche übrig blieb.

Hanna war damals noch klein und kann sich nicht

mehr genau erinnern. Nur dass der schwarze Vogel, der fast so groß war wie sie selber, immerzu „Korp-korp" schrie. Darum hätte er eigentlich Korp heißen müssen. Aber Papa hatte sich schon daran gewöhnt, ihn Kolk zu nennen. Und seitdem heißt er eben Kolk.

Kolk, den niemand mag. Weil er immer so laut ist und so viel Unsinn anstellt. Er klaut Sachen und erschreckt jeden mit seinen Sturzflügen. Nur Papa mag ihn. Und Hanna natürlich auch. Denn sie und Kolk sind Freunde. „Eine richtige Zweierbande", sagt Mama immer.

Auf einmal dröhnt der ganze Stall von Kolks lautem „Kooorrrp! Kooorrrp!" Sein Geschrei kann wirklich den müdesten Bewohner auf ganz Buchenau aufwecken.

„Ein Weltmeister im Lautschreien", behauptet Oma, die Kolk überhaupt nicht mag. Am allerwenigsten aber mag ihn Heini. Das ist der Bauer auf dem Nachbarhof. Er ist ein Jäger. Einmal hat er gesagt, dass er den Raben am liebsten erschießen würde. Weil Kolk angeblich im letzten Sommer junge Fasanen gejagt hat. Da ist Papa aber böse geworden. Er hat zu Heini gesagt, dass es nur noch ganz wenige Kolkraben gibt, dass sie unter Naturschutz stehen und dass sie genau das gleiche Recht haben zu leben wie jeder andere Vogel. Heini hat auch etwas gesagt, von spinnigen Ideen und so, und dann haben die beiden sich richtig angeschrien.

Inzwischen reden Papa und Heini zwar wieder miteinander, aber so ganz große Freunde wie früher sind sie nicht mehr.

„Kooorrrp!", dröhnt es wieder. Kolk sitzt jetzt direkt auf einem Balken über Hanna und macht einen Riesenlärm.

„Was ist denn?", ruft sie ärgerlich. „Sei still!" Doch Kolk schreit einfach weiter und hüpft von Stange zu Stange in Richtung Ausgang.

Der benimmt sich heute wirklich schrecklich, denkt Hanna. Was hat er nur? Irgendwie ist das ungewöhnlich. Ob er vielleicht Hunger hat oder mich ärgern will?

Auf einmal ist Hanna hellwach. Sie springt aus ihrem Schlafsack.

Endlich hat sie verstanden, warum Kolk solch einen Lärm macht. Sie schaut neben sich. Im Stroh schläft Kerlchen, trotz des ganzen Geschreis. Aber Rosina und Roberto sind verschwunden!

„Steh auf, du Schlafmütze!", schreit Hanna. Sie versucht Kolk zu übertönen, während sie Kerlchen mit ihrem Fuß in die Seite schubst.

„Los, steh auf! Die Esel sind weg!"

Bei dem Lärm wacht sogar Kerlchen auf. Er reibt sich die Augen und fragt verschlafen: „Was ist mit den Eseln?"

Doch Hanna hat jetzt keine Zeit für lange Erklärungen. Sie stürzt aus dem Stall. Hat sie die Geburt nun doch verpasst? Sie rennt an den Pferden auf der Wiese vorbei und durch die Schafherde hindurch. Die beiden Esel jedoch sind nirgendwo zu sehen. Weiter oben grasen die Kühe und die Ziegen. Aber auch hier keine Esel. Hanna tritt vor Wut mit dem Fuß gegen einen Kuhfladen, dass es nur so spritzt.

„So ein Mist!", schimpft sie.

Plötzlich fliegt Kolk ganz knapp über sie hinweg und verschwindet in dem kleinen Tal unten am Bach. Hanna kann den Wind seiner Flügelschläge in ihren Haaren spüren. Da weiß sie, dass sie ihm folgen soll.

„Schnell!", ruft sie Kerlchen zu, der ihr nachgerannt kommt. „Rosina ist unten am Bach."

„Woher weißt du das?"

Hanna nimmt ihn an der Hand. „Weil Kolk dorthin geflogen ist. Komm schnell!"

Die beiden Kinder rennen Hand in Hand den steilen Hang hinunter. Und richtig: Am Rande eines kleinen Erlendickichts neben dem Bach liegt Rosina im trockenen Gras, während Roberto seelenruhig in der Nähe grast. Sonst ist weit und breit kein Tier zu sehen.

Hanna lässt Kerlchen stehen und ist sofort bei Rosina. Die Eselin liegt auf der Seite und es kommt Hanna so vor, als würde sie leise stöhnen.

Oje, denkt sie. Hoffentlich geht alles gut.

In diesem Moment steht Rosina mit einem schnellen Ruck auf. Und da erkennt Hanna, dass schon zwei kleine Hufe hinten aus Rosina herausragen.

„Das Fohlen kommt, das Fohlen kommt!", schreit sie aufgeregt und schaut sich nach Kerlchen um. Doch der steht schon neben ihr, ganz stumm vor Staunen. Auch er hat die beiden Hufe entdeckt und dazwischen sogar die Spitze einer winzig kleinen Schnauze.

Nun legt sich Rosina wieder hin. Auf die Seite und ganz ruhig. Nur ihr Bauch zieht sich immer wieder zusammen. Und jedes Mal ragen die kleine Hufe noch ein Stück weiter aus ihr hervor. Auch die kleine Schnauze mit dem Mund kann man jetzt gut erkennen, sogar die Augen. Sie sind fest geschlossen. Es ist, als ob das Fohlen schlafen würde. Man sieht es nicht einmal atmen.

Plötzlich kommt Hanna ein schrecklicher Gedanke: Wenn es nicht atmet, ist es vielleicht schon tot. Wir müssen Papa holen. Schnell, schnell!

Sie will schon losrennen, da sieht sie, dass sich Rosinas Körper wie in einem heftigen Krampf zusammenzieht. Und einen Augenblick später liegt das Fohlen schon halb auf dem Gras. Dann noch ein Pressen und wie von selbst rutscht das Fohlen ganz aus Rosina heraus. So schnell geht das.

Nur die lange Nabelschnur verbindet jetzt noch

Mutter und Fohlen. Aber die zerreißt, als Rosina wieder ruckartig aufsteht. Es liegt nun da wie ein nasses Häuflein, das kleine Fohlen, und japst nach Luft.

„Es lebt, es lebt!", schreit Hanna und will es an sich drücken. Doch da hat sie nicht mit Rosina gerechnet. Ein unsanfter Schubser und Hanna weiß sofort, dass sie dem Fohlen nicht zu nahe kommen darf. Dabei möchte sie es so gerne beschützen. Es ist ganz nass und zittert vor Kälte, während es unbeholfen versucht, seinen Kopf zu heben. Doch der fällt jedes Mal wieder zurück auf den Boden. Oh, wie gerne möchte Hanna irgendetwas tun, um dem Fohlen zu helfen! Es ist ja so winzig klein!

Doch das Fohlen braucht jetzt nur die Hilfe seiner Mutter. Rosina beginnt sein Fell trocken zu lecken. Das scheint dem Kleinen gut zu tun. Es kann seinen Kopf jetzt schon länger halten und auch die Ohren zeigen fast in die richtige Richtung. Der schwere Kopf schwankt aber immer noch hin und her, besonders wenn Rosina das Fohlen um die Schnauze leckt. Trotzdem gelingt es ihm, seine Vorderbeine gegen den Boden zu stemmen und sich halb aufzurichten.

„Es will aufstehen", sagt Kerlchen.

Inzwischen sind einige Tiere herangekommen. Die Pferde und mehrere Kühe wollen sich das Fohlen aus der Nähe betrachten. Sie sind immer so neugierig, wenn ein neues Tier geboren wird.

Hanna zittert am ganzen Körper vor Aufregung über dieses Wunder, das sie soeben erlebt hat, und Kerlchen klappern die Zähne sogar so stark, dass man es hören kann. Vielleicht ist es aber auch wegen der Kälte. Das Wasser im Bach ist an den flachen Uferstellen mit Eis bedeckt und vom Tal her steigt kalter Nebel auf.

Doch weder Hanna noch Kerlchen wollen jetzt schon nach Hause gehen. Das Fohlen ist ja noch nicht einmal aufgestanden. Plötzlich werden ihnen ihre Anoraks über die Schultern gelegt. Hinter ihnen stehen Mama und Papa.

„Topolinos Geburt ist offensichtlich die Sensation des Tages", sagt Papa, während Mama ihre beiden Kinder an sich drückt.

„Nun habt ihr es also wirklich gesehen", sagt sie und lächelt.

Mit „Topolino" meint Papa das Fohlen. Denn so soll es heißen, wenn es ein Hengst ist. Und Topolina, wenn es eine Stute ist. Das hat der Familienrat schon beschlossen. So hieß nämlich vor ganz langer Zeit Papas erstes Auto, als er noch studiert hat. Und Mama hat gesagt: „Es war zwar bloß ein Auto, aber das war auch sehr klein und sehr süß …!"

Endlich ist er also da, der kleine Esel.

„Es war toll, wie er rausgeflutscht ist", sagt Hanna aufgeregt. „Ganz von alleine. Aber zuerst habe ich gedacht, dass er tot ist."

„Ich habe gar nichts gedacht", sagt Kerlchen stolz.

„Solange die Nabelschnur noch dran ist, atmet das Fohlen mit der Mutter mit", erklärt Papa.

„Ich weiß", sagt Hanna. „Aber das hatte ich ganz vergessen."

„Und was meint ihr, ist es ein Hengst oder eine Stute?", fragt Mama.

Oje, das haben die Kinder noch gar nicht nachgeschaut. Es ging ja auch alles viel zu schnell.

„Wir müssen warten, bis das Fohlen steht", sagt Papa. „Dann wissen wir es."

Doch das Kleine knickt immer wieder mit den Vorderbeinen ein und fällt hin. Es schafft es einfach nicht aufzustehen. Oder doch? Auf einmal spreizt es die Vorderbeine weit auseinander, sodass es einen besse-

ren Halt hat. Dann macht es eine letzte Kraftanstrengung und – es steht! Man sollte es nicht für möglich halten! Auf vier noch sehr wackeligen Beinen schwankt es zwar wie ein Betrunkener hin und her. Aber es steht.

In diesem Moment stürzt Kolk wie ein Pfeil vom Himmel herab, sodass sich alle furchtbar erschrecken, Menschen wie Tiere. Das ist mal wieder typisch Kolk! Kurz bevor er Rosina und das Fohlen erreicht, schwingt er sich wieder in die Höhe und ruft dabei sein ewiges „Kooorrrp!". Es ist, als ob er sich über die ersten Schritte des kleinen Esels besonders freuen würde. Nur freuen sich die anderen nicht gerade darüber, wie er seine Freude ausdrückt.

In diesem Durcheinander nutzt Hanna die Chance. Schnell legt sie sich auf den Boden und schaut dem Fohlen unter den Bauch.

„Hengst!", ruft sie.

„Also Topolino", sagt Papa. „Seht euch das an! Topolino hat Durst, aber er sucht an der falschen Stelle."

„So ein dummer Esel", ruft Kerlchen.

Und wirklich, das Fohlen sucht vorne zwischen den Beinen seiner Mutter nach den Zitzen. Das sieht ganz komisch aus. Am liebsten würde Hanna helfen und ihm zeigen, wo die Zitzen sind.

Aber Rosina lässt noch niemand an ihr Fohlen heran. Jedes Mal, wenn ihm jemand zu nahe kommt, schnaubt sie und stampft wütend mit dem Vorderhuf auf den Boden. Die sonst so sanfte Rosina!

Jetzt leckt sie ihr Fohlen wieder. Und das Fohlen sucht weiter nach Milch.

Jedes Mal, wenn es mit seiner Schnauze hinten an Rosinas Bauch stupst, rufen sie alle aufgeregt: „Ja, ja! Heiß!"

Und wenn es wieder vorne sucht, sagen alle enttäuscht: „Kalt, kalt."

Auf einmal aber hat es zufällig eine der beiden Zitzen zwischen den Hinterbeinen erwischt und saugt sofort gierig daran.

„Hurra!", schreit da die ganze Familie.

Das viele Lachen macht Roberto neugierig. Schließlich ist er ja der Vater. Er kommt angetrippelt und verkündet sein „Iiih-aa, iiiih-aaa".

„Zuerst macht Kolk so ein Spektakel und jetzt Roberto. Die Tiere haben eine seltsame Art zu gratulieren", sagt Mama.

Anders als Kolk nähert sich Roberto aber sehr vorsichtig dem Fohlen und riecht an seinem Fell.

„Bei ihm hat Rosina nichts dagegen", sagt Hanna und ist fast ein bisschen beleidigt. Sie würde das Fohlen doch so gerne selber streicheln.

Dann muss sie aber schon wieder lachen. Roberto hebt nämlich seinen Kopf und schreit „Iiih-aa, iiih-aa!", so laut und so heiser, wie nur er es kann.

Und was macht das Fohlen? Es hebt auch sein Köpfchen und antwortet leise und unbeholfen: „E-i-a."

„Iiih-aaa", ruft Roberto. „E-i-aaa", tönt das Fohlen. Und „E-i-a" jubelt auch Hanna. „Jawohl, Elia. So soll er heißen, der süßeste Esel auf der ganzen Welt! Elia – mein Esel!"

3. Kapitel
Ein Hof voller Tierkinder

So ist aus Topolino also sehr schnell Elia geworden. Denn niemand wagt es, den kleinen Esel weiterhin Topolino zu nennen, wenn Hanna sich für Elia entschieden hat. Ihre Eltern waren gleich einverstanden und Kerlchen sagt sowieso nur das, was Hanna sagt.

Nur „Karl der Große" und Emmchen, wie Papa die Großeltern manchmal nennt, finden es nicht so gut, dass Hanna wieder einmal alles umwirft, was beschlossene Sache war.

„Sie hat ein Mundwerk wie ein Scheunendrescher", sagt Oma. Auch wenn niemand genau weiß, was das bedeutet, so weiß man doch, dass es kein Lob ist.

Trotzdem müssen sich am Ende auch die Großeltern fügen. Denn von allen auf dem Hof hat Hanna am meisten mit den Tieren zu tun. Außer Papa natürlich.

„Du darfst sie nicht so verwöhnen", meint Opa. Das sagt er ziemlich oft.

„Und außerdem dieser Vogel", meint Oma. „Das ist nun wirklich kein Umgang für ein kleines Mädchen!"

Mit „diesem Vogel" war natürlich wieder Kolk gemeint.

Und Kolk versteckt sich gerade hinter Hannas Rücken, während sie versucht, näher an Elia heranzurutschen. Schon seit Tagen geht es so. Sie möchte Elia so gerne streicheln. Elia, den kleinen Esel, dessen Fell so weich und so sanft ist wie bei einem Teddybär. Das schönste Ostergeschenk, das sie je bekommen hat.

Aber er ist auch ein scheuer Esel!

Wenn es nach Rosina ginge, hätte Hanna ihn längst streicheln können. Denn seine Mutter passt nur noch auf, dass die großen Tiere ihrem Fohlen nicht zu nahe kommen. Und auf Kolk passt sie auf. Deswegen muss er sich hinter Hanna verstecken, wenn sie versucht, an Elia heranzukommen. Doch das Fohlen rennt immer weg.

Elia kann sogar schon ganz schnell rennen. Immer im Kreis um seine Eltern herum. Manchmal macht er dabei richtige kleine Bocksprünge in die Luft. Das sieht komisch aus, wie er auf seinen dünnen Beinen auf der Stelle hochspringt und dabei seinen wuscheligen Kopf ruckartig hin und her wirft.

Da müssen Hanna und Kolk richtig lachen. Jawohl, auch der Rabe. Er gibt dann nämlich ganz tiefe Laute von sich, die sich wie ein Glucksen oder Lachen anhören. Und dazu schlägt er mit den Flügeln. Hanna weiß dann nie, über wen sie mehr lachen soll. Über Elia oder über das „Lachen" von Kolk.

Und es gibt wirklich viel zu lachen, denn Elia macht immer wieder seine Bocksprünge. Der Esel mit den süßesten Ohren auf der ganzen Welt. Hanna hat ihn schon über alles lieb.

Wenn sie ihn nur mal anfassen könnte. Gerade im Moment stehen die Chancen dafür nicht schlecht, denn vor ihr im Gras liegt Elia und schläft. Rosina und

Roberto fressen ganz in der Nähe. So rutscht Hanna vorsichtig Stück für Stück über die grüne Frühlingswiese in Richtung Elia. Und jedes Mal hüpft ihr Kolk hinterher. Sie kommen näher und näher, ohne dass Elia aufwacht.

Schließlich sind sie so nahe herangekommen, dass Hanna das Fohlen berühren könnte, wenn sie sich ganz lang macht. Doch ausgerechnet jetzt kommt Rosina und schnuppert in Elias Fell. Er sieht dabei aber so süß aus, dass Hanna es nicht mehr erwarten kann, ihn zu streicheln. Sie legt sich auf den Bauch, streckt ihre Hände nach vorne und berührt das Fohlen zum ersten Mal. Obwohl Rosina direkt daneben steht. Doch die Eselin beachtet sie überhaupt nicht, sie geht zu Roberto zurück und frisst weiter.

Endlich hat Hanna ihren Elia für sich allein. Mit beiden Händen streicht sie durch sein dichtes Fell. Es ist wunderschön weich. So weich wie Samt. Oder wie Seide. Genau kennt sich Hanna da nicht aus. Sie weiß nur, dass sie noch nie so ein weiches Fell angefasst hat.

Vorsichtig tastet sie alle Körperteile ab. Die dünnen Beine, die winzige kleine Schnauze, die sogar noch sanfter und weicher ist als das Fell. Und schließlich die langen Ohren, die man in jede Richtung biegen kann, so beweglich sind sie.

Elia lässt alles mit sich geschehen. Vielleicht denkt er, dass es seine Mutter ist, die ihm das Fell leckt. Auf jeden Fall scheint er das Streicheln von Hanna zu genießen. Er streckt sich, hebt seinen Kopf und auf einmal schaut er Hanna an. Ohne jede Spur von Angst. Er leckt nun ganz zart ihre Hand. Das fühlt sich so schön an. Was für eine kleine Zunge er hat! Und was für große Augen. Die sind fast so dunkel wie die von Kolk.

Ach ja, der Vogel. Der sitzt immer noch hinter Hanna. Als sie sich zu ihm umdreht, hüpft er auf ihr Bein. Und von dieser sicheren Warte aus neigt er sich vor und versucht, den kleinen Esel im Fell zu zupfen. Doch da hebt Rosina drohend ihren Kopf, und Kolk, der sonst so freche Vogel, verschwindet sofort wieder hinter Hannas Rücken.

Vielleicht ist Elia dadurch ein wenig erschrocken. Er steht auf, streckt sich und springt dann plötzlich mit allen vier Beinen in die Höhe.

Das sieht wieder so komisch aus, dass Hanna laut lachen muss.

Elia rennt los und galoppiert in einem großen Kreis um sie herum. Der freut sich, dass er lebt, denkt Hanna. Und ich freue mich auch. Dass Kolk bei mir ist und dass wir beide jetzt einen neuen Freund haben.

Elia bleibt auf einmal stehen und kommt langsam zu Hanna zurück.

Vorsichtig streckt er seine Schnauze nach vorne und riecht an Hannas ausgestreckter Hand. Dann knabbert er an ihrer Jacke. Genau wie Rosina und Roberto es immer tun. Schließlich stupst er sie so sanft in den Bauch, wie es nur Esel können.

Hanna ist ganz außer sich vor Glück. Das muss sie Mama und Papa erzählen. Und Kerlchen. Und Oma und Opa. Und Sylvia, ihrer besten Freundin, natürlich auch. Und den „Zwillingen". Das sind die beiden Jungs von Bauer Heini auf dem Nachbarhof unten im Tal. In Wirklichkeit heißen sie Franz und Josef und sind gar keine Zwillinge. Aber alle nennen sie nur die „Zwillinge", weil sie fast immer zusammen sind und meist das Gleiche sagen. Josef ist so alt wie Hanna. Franz aber ist viel älter. Er geht sogar schon in die dritte Klasse.

Die beiden werden staunen! Obwohl sie ein bisschen eingebildet sind und alles immer besser wissen. Nur weil ihr Vater einen größeren Hof hat und ein Jäger ist. Einen kleinen Esel aber, der wie ein Teddybär aussieht, den haben sie nicht. Nur Milchkühe im Stall.

In den nächsten Wochen werden noch viele andere Tiere auf Buchenau geboren.

Zuerst schlüpfen vierundzwanzig Küken aus ihren Eiern, die Hilda und Gilda, die beiden unzertrennlichen Zwerghühner, gemeinsam ausgebrütet haben. Sie haben ihre Nester direkt nebeneinander gehabt und die Küken sind auch alle gemeinsam geschlüpft.

Sie sind winzig klein. Jedes Mal, wenn sie Angst bekommen, hüpfen sie auf Hilda oder Gilda und verstecken sich unter ihren Federn. Da ist dann auf einmal kein Einziges mehr zu sehen. Doch bald schauen sie wieder neugierig aus den Federn oder unter den Flügeln hervor. Das sieht zu komisch aus. Zwei Hühner, übersät mit winzigen Küken.

Und bald nach Ostern bekommen auch die Schafe ihre Jungen. Einige bekommen zwei, andere sogar drei, und bald wimmelt es auf Buchenau von hüpfenden, rennenden und blökenden Lämmern.

Und nicht zu vergessen die beiden Zicklein von Capra, der Ziege. Sie haben schon bei der Geburt winzige Hörner und sehen wie richtige kleine Teufel aus. Und ein wenig wie Teufel benehmen sie sich auch, wenn sie immer wieder in die Büsche springen und dort die Blattknospen abfressen. Dann schimpft jeder auf dem Hof mit ihnen. Was sie aber nicht zu stören scheint.

Hanna kann sich manchmal gar nicht entscheiden, mit welchen Jungtieren sie spielen soll. Denn auch die Kälber kommen jetzt eines nach dem anderen zur Welt. Fast jeden Morgen läuft ein Neues mit in der Herde.

Nur Flecki bekommt kein Junges, sondern bloß „heiße Luft", wie Kerlchen sagt. Inzwischen ist sie so dick, dass Papa sie nicht auf die Weide lässt. Dort könnte sie nämlich fressen, so viel sie will.

„In diesem Jahr legst du mich nicht mehr rein!", schimpft er mit dem Pony und krault es in seiner langen Mähne.

Das Gras ist schon grün und saftig geworden und das ist wie Gift für die „Fettmamsell", wie er sie jetzt nennt. Deswegen muss sie alleine im Stall bleiben und bekommt dort nur ein wenig Stroh. Na ja, sie müsste im Stall bleiben. Aber da kennt man Flecki schlecht. Und Papa lässt sich bestimmt wieder herumkriegen …

Die sind schon lustig, die beiden, denkt Hanna. Sie ist mit Papa wieder einmal in den Stall gekommen, weil Flecki so tobt.

„Fettmamsells Dickbauchtrick", sagt Papa.

Flecki wiehert ärgerlich und wirft ihren Kopf hin und her. Sie sieht richtig wild aus.

„Ich weiß", sagt Papa, „du willst hier raus. Deswegen hast du so viel Heu gefressen. Damit ich wieder glauben soll, dass du ein Fohlen bekommst. Und dich rauslasse."

„Wie in jedem Frühjahr", sagt Hanna und muss schmunzeln.

„Diesmal jedoch bleibe ich hart", sagt Papa mit Nachdruck.

„Aber sie sieht wirklich ganz trächtig aus", findet Hanna.

„Das ist ja der Trick!" Papa lacht auf. „Sag nicht, dass du zu Flecki hältst."

„Aber, Papa. Sie muss doch auch mal frisches Gras fressen."

Flecki wirft den Kopf zur Seite und stampft ungeduldig mit dem Vorderhuf auf. Klar, sie will endlich auf die Weide. Dorthin, wo die anderen Pferde auch sind.

„Aha, Fettmamsell wird ungnädig", brummt Papa und hebt ihren Vorderhuf hoch, um zu fühlen, ob er warm ist. Hanna kennt das schon. Das macht man bei Pferden und Ponys, damit man feststellen kann, ob sie Hufrehe haben. Das ist eine Entzündung in den Sprunggelenken, die davon kommen kann, dass sie zu viel gefressen haben.

Aber Fleckis Hufe sind nicht warm. Gott sei Dank.

Nun legt Hanna ihren Arm um das Pony und flüstert ihm ins Ohr: »Arme Flecki. Vielleicht darfst du jetzt doch auf die Weide. Wenn du versprichst, nicht zu viel zu fressen."

Wie die meistenTiere beruhigt sich auch Flecki bei solchen sanften Tönen. Sie hört langsam auf, so herumzustampfen. Ja, und schließlich bleibt sie sogar ganz still stehen. Nur die Augen blicken noch voller Tatendrang unter der langen Mähne hervor.

Wie sie so dasteht, mit gesenktem Kopf, sieht sie richtig traurig aus.

„Können wir sie nicht wenigstens für eine Stunde oder so auf die Weide lassen?" Hannas Stimme verrät

Mitleid. „Sie wird bestimmt nicht wieder zu viel fressen."

Papa schaut Flecki an, dann Hanna, dann wieder Flecki. „Das glaubst du doch selbst nicht", sagt er und schüttelt den Kopf. Trotzdem geht er zum Tor und öffnet es. „Gegen euch zwei bin ich machtlos ..."

Er hat noch nicht zu Ende geredet, da stürzt Flecki mit einem Riesensatz an ihm vorbei auf die Koppel und galoppiert zu den Pferden unten am Bach. Dabei glaubt Hanna zu hören, wie sie lacht. Auch wenn es nur ein Wiehern ist.

„Hast du das gemacht, weil Flecki uns so traurig und so lieb angeschaut hat?", fragt Hanna ihren Papa, als sie Hand in Hand nach Hause gehen.

„Nein, weil sie so schlau ist", sagt er. „Genau wie du."

Da drückt Hanna seine Hand ein wenig fester als sonst.

Wegen der vielen Jungtiere reißt in den nächsten Tagen der Besucherstrom auf Buchenau gar nicht mehr ab. Fast alle aus dem Dorf kommen herauf, um die vielen Tierkinder zu sehen, die Lämmer und die Kälber, die Zicklein, die Küken und die jungen Enten, die auf dem Teich schwimmen. Ja, sogar die Gänse wollen sie sehen, obwohl die ihre Eier noch gar nicht ausgebrütet haben.

„Es fehlt nur noch, dass die Leute wissen wollen, ob wir auch einen frischen Wurf Kinder haben", schimpft Mama. Trotzdem freut sie sich über den Besuch und backt einen Käsekuchen nach dem anderen. Den mag Hanna besonders gern. Der ist zwar für die vielen Besucher gedacht, aber bei jedem Besuch gibt es auch für sie ein Stück. Und manchmal sogar zwei.

Am liebsten wollen die Gäste natürlich das Eselfohlen sehen. Vor allem die Kinder. Sylvia kommt jeden Tag mit dem Rad heraufgefahren. Dann sitzen die beiden Freundinnen stundenlang bei Elia und streicheln ihm übers Fell. Nur die Zwillinge von Bauer Heini lassen sich nicht blicken.

„Ich weiß, warum", sagt Sylvia. „Die haben einfach keinen Sinn für Tiere. Nicht mal für Tierkinder …"

„Nur für Milchkühe und Milchstiere", sagt Kerlchen und wundert sich, warum die Mädchen darüber so lachen.

4. Kapitel
Ein Wettrennen auf der Weide

Den ganzen Vormittag regnet es. Es ist so ein richtig warmer Frühlingsregen, der das Gras wachsen und die Bäume grün werden lässt. Auf einem Ast ganz oben auf der Hainbuche singt eine Amsel schon seit dem frühen Morgen und im Walnussbaum streiten sich Stare um den Nistkasten. Hanna meint sogar, dass sie die ersten Kirschblüten unten in der Obstbaumwiese sehen kann. Aber vielleicht ist das nur Einbildung.

Heute ist Sonntag und es ist ein wenig langweilig, wenn man nicht bei den Tieren ist. Mama und Papa sind irgendwo bei einer Veranstaltung. Kerlchen ist drüben bei Oma im Haus der Großeltern. Nur Opa ist hier. Er sitzt in seinem Schaukelstuhl im Wohnzimmer und liest.

„Erzähl doch mal wieder, wie es früher war, als du jung warst", bittet Hanna.

„Was willst du denn hören?", fragt Opa.

Er erzählt gerne Geschichten aus seiner Jugend. Genau wie Frau Nitzl in der Schule. Vielleicht machen alle Menschen das gerne, die alt sind, denkt Hanna.

„Weißt du", sagt Opa, „damals, als ich klein war, durfte kein Kind am Tisch etwas sagen."

„Warum nicht?", fragt Hanna. Denn das kann sie nun überhaupt nicht verstehen.

„Es war einfach so. Wenn mein Vater oder meine Mutter am Tisch saßen, mussten wir Kinder schweigen. Hier in diesem Zimmer. Damals stand der Tisch aber dort." Opa zeigt mit dem Finger, wo der Tisch gestanden hat. „Und das Festzimmer, so nannten wir es damals, war auch ganz anders eingerichtet."

„Aber warum durftet ihr nicht reden?", unterbricht Hanna ihn. Sie weiß, wie gerne Opa abschweift und alles Mögliche erzählt. Nur nicht das, was er wollte.

„Es ging halt immer sehr streng zu, damals ... Nur wenn wir angesprochen wurden, durften wir etwas sagen ... Wir hatten auch nicht so viele Tiere auf dem Hof wie heute. Pferde hatten wir. Aber nur für die Arbeit. Kühe hatten wir natürlich auch und ein paar Schafe und Ziegen. Die musste ich hüten. Und einen Hund hatten wir. Der hieß Rexi. Den habe ich richtig geliebt. So wie du vielleicht den Kolk."

„Und den Elia", fügt Hanna schnell hinzu.

„Ja, das ist schön, wenn man so ein Tier hat." Opa

hebt den Finger und lächelt Hanna an. „Hörst du, ein Tier und nicht einen ganzen Zoo!"

„Ja, ja", sagt Hanna. Das kennt sie schon. „Was war das für ein Hund?"

„Es war ein ganz lieber Hund. Er ist immer mit mir in die Schule gegangen. Damals gab es keinen Schulbus. Wir mussten den ganzen Weg zu Fuß gehen. Aber nur nach Talham. Damals gab es dort noch eine Schule …"

„Da musstest du ja gar nicht weiter laufen als ich heute", sagt Hanna enttäuscht. Sonst erzählt Opa immer, wie schwer das Leben damals war.

„Na ja, auf jeden Fall war Rexi immer bei mir. Und solange ich in der Schule war, hat er vor dem Eingang gewartet. Jeden Tag. Dann ist er wieder mit mir nach Hause gelaufen."

„Das war bestimmt schön", sagt Hanna nachdenklich. „Ich könnte doch auch mal Kolk mit in die Schule nehmen."

„Oh, ich glaube nicht, dass das deiner Lehrerin so gut gefallen würde. Und deiner Oma bestimmt auch nicht", sagt Opa und lacht. Aber dann wird sein Gesicht plötzlich ernst. „Es waren damals ganz andere Zeiten. Einmal kamen Soldaten und sagten zu meinem Vater, dass er Rexi am nächsten Morgen bei ihnen abliefern muss. Weil Rexi ein Kriegshund werden soll."

„So was Gemeines! Und das hast du zugelassen?"

„Natürlich wollte ich nicht, dass Rexi in den Krieg muss. Um alles in der Welt nicht. Trotzdem habe ich mich nicht getraut, irgendetwas zu sagen. Ich saß nur ganz eng bei Rexi und habe auch ein wenig geweint, glaube ich."

„Wie alt warst du da, Opa?"

„Ungefähr so alt wie du jetzt. Ja, ja, ich habe ganz schön geweint. Trotzdem hat Vater Rexi am nächsten Morgen an die Leine genommen und ist mit ihm weggegangen. Ich war so verzweifelt, dass ich gar nicht in die Schule gehen konnte. Ich habe nur den ganzen Tag geheult. So schlimm war es für mich."

Opa ist tief in seine Erinnerungen versunken. Eine Weile lang schaut er zum Fenster hinaus. Dann wendet er sich wieder zu Hanna.

„Mein Vater hat gewusst, wie schlimm es für mich war. Darum hat er auf der Kommandantur gebeten, den Hund behalten zu dürfen. Doch die Soldaten kannten nur ihre Befehle und haben ihm den Hund weggenommen und in einen Zwinger gesperrt. Da waren viele Hunde. Von allen Höfen ringsum waren die Hunde da. Nur die alten und die kleinen Hunde durfte man behalten. Aber Rexi war ein Schäferhund oder so etwas Ähnliches. Und auf solche Hunde war man besonders scharf. Als Rexi nun eingesperrt war, ist Vater aber nicht weggegangen. Er hat den ganzen Tag gewartet, und als es dunkel war, hat er leise nach

Rexi gepfiffen. Rexi war ein schlauer Hund. Er ist einfach über den Zaun gesprungen. Der war nicht sehr hoch. Die Soldaten haben nicht viel von Hunden verstanden. Sie haben nur ihre Pflicht getan."

„Tiere zu quälen, das ist aber keine schöne Pflicht", findet Hanna.

„Na ja, so war das eben. Im Krieg musste man vieles tun, was man vielleicht gar nicht wollte. Auf jeden Fall ist mein Vater noch in der Nacht bei uns angekommen. Mit Rexi. Da haben meine Eltern mich geweckt und mir Rexi gezeigt. Der hat sich auf mich gestürzt und mich immer wieder umgeworfen. So sehr hat er sich gefreut. Und ich mich auch."

Opa dreht sein Gesicht zur Seite. Hanna soll wohl nicht sehen, dass er Tränen in den Augen hat.

Sie wartet eine Weile, dann sagt sie: „Du hast ihn sehr lieb gehabt, den Rexi, stimmt's?"

„Ja", sagt Opa und schnäuzt sich in sein Taschentuch.

„Sind die Soldaten noch mal wiedergekommen, um ihn euch wegzunehmen?", fragt Hanna.

„Nein, die kamen nie wieder." Opa wendet sich zu Hanna um und reibt sich das Gesicht. „Ich glaube, sie haben gar nicht gemerkt, dass ein Hund fehlte. Wir haben Rexi noch ein paar Tage im Wald versteckt. Aber niemand hat nach ihm gefragt. Da haben wir ihn wieder zu uns auf den Hof genommen."

Komisch, denkt Hanna, damals hat Opa so an seinem Hund gehangen. Doch jetzt will er keinen mehr haben. Nur zwei Katzen leben noch bei Oma und Opa. Aber die sieht man fast nie, weil sie tagsüber schlafen und nachts im Wald unterwegs sind. Sie selbst haben auch keinen Hund. Aber nur deshalb, weil ihr Hund vor einer Weile gestorben ist. Der hieß Flöte und war schon ganz alt. Als sie ihn oben am Waldrand hinter der Kapelle begruben, haben alle ein wenig geweint. Auch Oma und Opa.

Hanna zieht ihre Regenjacke an und geht hinaus. Der Regen hat aufgehört. Sie mistet im Stall die Box von Flecki aus, obwohl es da nicht viel zu misten gibt, weil Flecki ja meist draußen auf der Weide ist. Dann sucht sie im Heu nach Eiern, die die Hühner einfach irgendwohin gelegt haben.

Als sie wieder aus dem Stall tritt, scheint die Sonne. Sie schaut zur Allee hinüber und da kommen Sylvia und die „Zwillinge" angeradelt.

Hanna freut sich. Endlich kann sie auch den „Zwillingen" Elia zeigen. Doch Franz und Josef wollen zuerst die drei Pferde sehen, obwohl es „nur" Haflinger sind. Sie haben nämlich schon Reitunterricht auf „echten" Pferden.

Kaum sind die Pferde begutachtet und als viel zu klein zum „richtigen" Reiten befunden, da entdecken die Jungen die Kälber. Beide lachen laut auf. „Daraus sollen Milchkühe werden?", sagt Franz spöttisch.

„Unsere Kühe sind keine Milchkühe", antwortet Hanna ärgerlich. „Sie gehen immer nur auf die Weide."

„Wieso das denn?", fragt Josef.

„Weil die Milch für die Kälber ist und später …"

„Sag bloß, ihr schlachtet keine Tiere?", unterbricht sie Franz.

„Nein", sagt Hanna. „Und unsere dürfen spielen und müssen nicht immer …"

„So ein Quatsch", unterbricht Franz sie schon wieder. „Es ist die Milch, die Geld bringt."

„Und das Fleisch", sagt Josef.

„Schaut, da ist Elia", ruft Sylvia und zeigt auf die drei Esel, die gemeinsam den steilen Hang vom Bach heraufkommen.

Doch Hanna hat jetzt kein Auge für die Esel. Sie fühlt, wie eine Riesenwut in ihr aufsteigt.

„Mein Papa will keine Tiere einsperren wie ihr", sagt sie und stampft mit dem Fuß auf. „Und ich sowieso nicht", fügt sie fast drohend hinzu.

„Mondscheinbauern", sagt Franz darauf verächtlich und blickt mit einer langsamen Kopfbewegung über das Land von Buchenau.

„Ja, ihr seid komische Bauern", ergänzt Josef und versucht, so verächtlich wie sein älterer Bruder zu schauen.

„Wieso? Mein Papa ist genauso ein richtiger Bauer wie euer Vater. Er verkauft aber Kälber statt Milch. Kälber, die spielen können." Hanna verhaspelt sich schon vor lauter Aufregung.

„Lasst uns endlich zu den Eseln gehen!", drängelt nun Sylvia und rennt schon los.

Die „Zwillinge" rennen ihr hinterher. Doch plötzlich bleiben sie wie angewurzelt stehen. Sie haben Kolk gesehen, der auf dem Rücken von Roberto sitzt und sich den steilen Hang hinauftragen lässt. Franz dreht sich zu Hanna um.

„Was macht denn der da?", fragt er und schaut dabei richtig böse.

„Dieser blöde Vogel ist ja immer noch da", fügt Josef hinzu.

„Wieso blöder Vogel?", fragt Hanna scharf.

Sie muss auf einmal an den Vater der „Zwillinge" denken, an Heini, der im letzten Jahr gedroht hat, dass er Kolk abschießen wird. Da dreht sich ihr fast der Magen um vor Wut und Angst.

„Weil er bestimmt wieder Fasanenküken jagen wird", sagt Josef. „Und dann wird mein Vater ihn …"

Josef bekommt von seinem Bruder einen Ellbogen in den Bauch gerammt.

„Aua, spinnst du!", schreit er auf.

„Was wird dein Vater dann?", schreit auch Hanna und geht mit geballten Fäusten auf Franz zu.

„Nichts wird er", sagt Franz beschwichtigend und dreht sich zu den Eseln um.

„Man darf Raben ja gar nicht schießen", wiegelt nun auch Josef ab.

Hanna steht da mit geballten Fäusten. Sie ist so wütend, dass sie platzen könnte.

„Wenn jemand Kolk etwas antut, das wäre das Gemeinste auf der ganzen Welt", presst sie hervor.

Ihren Kolk abschießen! Da würde sie sich aber eine furchtbare Rache ausdenken!

Kolk selbst scheint die ganze Aufregung nichts anzugehen. Er schwingt sich lässig von Robertos Rücken hinauf auf den Giebel vom Stalldach. Dort putzt er sich in aller Ruhe die Federn. Nicht einmal sein sonst so übliches „Korp" lässt er hören. Nur ein paar Gluckser, die sich wie ein unterdrücktes Lachen anhören.

„Der Vogel hat ja wirklich die Ruhe weg", sagt Franz und muss nun selbst lachen.

Dadurch beruhigt sich Hanna etwas, obwohl ihre Hände immer noch zittern nach diesem Streit.

Sylvia ist schon bei den Eseln. Aber Elia weicht vor ihr zurück. Er ist noch nicht an Menschen gewöhnt. Nur bei Hanna hat er überhaupt keine Angst mehr. Sie gibt den Jungen ein Zeichen, dass sie sich langsam bewegen sollen. Da erst kommt Elia heran.

So stehen sie nun alle vier um das Fohlen herum. Sylvia ist begeistert, Hanna natürlich stolz und Franz und Josef sind erst einmal stumm vor Bewunderung. Viel muss man ja auch nicht sagen über solch ein Tier, das so lustig aussieht. Und das ein so weiches Fell hat. Jeder streichelt Elia irgendwo. Über den Rücken, über den Kopf, am Bauch, einfach überall. Das gefällt ihm. Er ist ein richtiger Schmusebär geworden.

Lange kann sich Hanna aber nicht mehr beherrschen.

„Ist er nicht ein toller Esel?", will sie endlich wissen.

„Und so süß!", sagt Sylvia.

„Oh ja", flüstert Josef. „So einen möchte ich auch haben."

Nur Franz sagt nichts. Er ist eben älter. So schweigen auch die anderen und warten auf das, was Franz meint.

„Wozu hat man eigentlich Esel?", fragt er schließlich.

„Ja, wozu sind Esel überhaupt gut?", fragt nun auch sein Bruder.

„Man kann auf ihnen reiten", meint Sylvia. „Wenn sie groß sind."

„Und sie sind nett, das genügt doch", sagt Hanna.

„Und sie kommen aus Italien ...", sagt Kerlchen, der sich dazugesellt hat, ohne dass die anderen es bemerkt haben.

„Stimmt", meint Hanna. „Zwergesel sind seltene Tiere."

Franz schaut sich Elia nun von allen Seiten an. Dann geht er zu Rosina und Roberto und mustert auch die beiden genau.

Alle sind gespannt, was er sagen wird.

Er schüttelt langsam den Kopf und sagt kurz und knapp: „Darauf kann man nicht reiten."

„Ja, der ist viel zu klein dazu", echot Josef und zeigt auf Elia.

„Ich meine doch die großen Esel, du Esel", faucht Franz seinen Bruder an.

„Ach ja", sagt Josef kleinlaut. „Esel sind viel zu klein zum Reiten."

Wieder fühlt Hanna heftige Wut in sich aufsteigen.

Warum sind nur Tiere gut, die man zu irgendetwas benutzen kann? Die man reiten oder melken oder schlachten kann? Früher hat man überall Esel gehabt. Da ist man auch auf ihnen geritten. Oder man hat sie schwere Sachen tragen lassen oder sie vor Karren und Wagen gespannt. Aber jetzt hat man dafür Autos und die Esel leben einfach nur so. Auf Buchenau jedenfalls.

Plötzlich hat sie eine Idee.

„Esel sind schneller als Pferde. Jedenfalls schneller als gleich große wie zum Beispiel Ponys", sagt sie so ruhig, wie sie nur kann.

Natürlich weiß sie, dass das nicht stimmt. Aber vielleicht kann sie den Jungen eins auswischen.

„Dass ich nicht lache", ruft Franz voller Hohn. „Esel schneller als Ponys! So etwas Blödes."

„Ja, so ein blöder Quatsch!", lästert auch Josef.

„Wetten wir?", ruft Hanna und sie bereut schon, auf was sie sich da einlässt. Aber jetzt gibt es kein Zurück mehr. „Wir machen ein Wettrennen! Franz, du bekommst mein Pony. Und ich reite auf Roberto."

„Das ist doch verrückt", sagt Franz, der schon etwas unsicher geworden ist.

„Meinst du wirklich?", fragt auch Sylvia.

Doch Hanna will jetzt keinen Rückzieher machen. Sie rennt in den Stall und holt dort eine Trense für Flecki, ein Halfter für Roberto, einen Strick für Rosina und einen Eimer voll mit Hafer für alle.

„Hier", ruft sie Sylvia zu, „ihr drei nehmt den Eimer und geht mit Rosina und Elia zur Kapelle hoch. Über die Wiese. Franz und ich werden reiten. Wer zuerst oben ist, hat gewonnen. Und sein Tier bekommt den Hafer."

Die beiden Jungen zweifeln noch. Ein Esel soll schneller sein als ein Pony? Nein, das kann einfach nicht sein.

Sylvia hingegen ahnt schon, dass Hanna etwas vorhat.

Nur Kerlchen versteht noch gar nichts.

„Ich will auch wettreiten", bittet er.

Doch Hanna kann ihn schnell überreden, mit den

anderen zur Kapelle hinaufzulaufen. „Du bist der Schiedsrichter und darfst den Schnellsten füttern", tröstet sie ihn und legt dabei den Strick um Rosinas Hals. Dann reicht sie Sylvia das andere Ende und gibt Josef den Eimer.

Rosina, die sonst nicht gerade willig mitläuft, riecht den Hafer und folgt deshalb brav den Kindern über die Wiese hinauf zur Kapelle. Über ihnen segelt Kolk. Und allen voran läuft Elia auf seinen dünnen Beinen.

Unten am Stall bleiben nur Hanna und Franz zurück.

Roberto will natürlich Rosina folgen, doch Hanna hält ihn energisch am Halfter fest. Da sie ein wenig Hafer in der Tasche hat, ist das auch gar nicht schwer. Denn Esel lieben Hafer.

Aber nicht nur Esel, sondern auch die Pferde. Als sie bemerken, was Hanna in der Tasche hat, kommen sie angerannt, allen voran natürlich Flecki.

Hanna legt ihr sofort die Trense um. Das mag Flecki gar nicht und sie wirft ihren Kopf wütend hin und her. Als sie aber eine Portion Hafer bekommt, ist sie friedlich. Für eine Weile wenigstens.

„Habt ihr keinen Sattel für sie?", fragt Franz.

„Doch. Aber keinen für Roberto. Deswegen musst du auch ohne reiten", antwortet Hanna. „Du kannst doch ohne Sattel reiten, oder?"

„Klar doch", sagt Franz. Aber er sieht unsicher aus,

als ob er es noch nie gemacht hat. „Und du meinst wirklich, dass du mit dem Esel schneller bist?"

Hanna antwortet nicht. Natürlich ist Flecki viel schneller. Das weiß sie ja selbst. Aber verfressen ist Flecki auch und das ist ihre Chance. Sie öffnet das Tor zum Stall und lässt die Pferde hinein, damit sie den Wettkampf nicht stören.

Dann erklärt sie Franz die Rennstrecke, die sie sich ausgedacht hat. Zuerst geht es über den Reitplatz und danach die Weide hinauf bis zur Kapelle oben auf dem Berg.

„Über die frische Wiese?", wundert sich Franz. Das Gras steht dort tatsächlich schon recht hoch, weil noch keine Tiere darauf geweidet haben.

„Das ist egal", antwortet Hanna und versucht möglichst sicher zu wirken.

„Wenn du meinst, dass wir das dürfen", sagt Franz skeptisch. Er sitzt schon auf Flecki und fühlt sich offenbar recht wohl auf ihrem breiten Rücken. „Du hast ein tolles Pony."

„Ich weiß", sagt Hanna und überlegt, ob Franz manchmal vielleicht doch ganz nett ist.

Sie schaut auf Flecki, die hin und her tanzt. Wie ein richtiges Rennpony, falls es so etwas gibt. Roberto aber steht wie ein Jammerlappen da. Mit herabhängenden Ohren und einem so abwesenden Blick, wie nur Esel ihn haben können.

Ob das wohl gut geht?, denkt Hanna. Auch wegen der frischen Wiese hat sie ein schlechtes Gewissen. Was wird Papa dazu sagen?

Am liebsten möchte sie alles wieder abblasen. Doch das geht jetzt nicht mehr.

Also steigt sie auf Robertos Rücken und hält sich am Halfter fest. Eine richtige Trense mit Mundstück und allem wäre bei einem Esel verlorene Mühe. Denn Esel gehen sowieso nur, wann und wohin sie wollen.

Hanna bückt sich nach vorne und flüstert Roberto ins Ohr: „Bitte lass mich nicht im Stich, hörst du!"

Neben Flecki kommt ihr der Esel wie ein Zwerg vor. Aber es muss einfach klappen.

„Auf die Plätze, fertig, los!"

Hanna schlägt ihre Fersen in Robertos Rippen. Doch der bewegt sich nicht von der Stelle. Er ist eben ein Esel. Flecki hingegen trabt ganz brav durch das Tor zum Reitplatz. Auch sie ist manchmal stur wie ein Esel, aber Franz kann sich offenbar durchsetzen. Da geht auch Roberto los, denn allein will er ja auch nicht zurückbleiben.

Ein komisches „Rennen" beginnt.

Vorneweg Franz. Er versucht Flecki anzutreiben, wie er es bei großen Pferden gelernt hat. Mit dem Druck seiner Schenkel, mit Klapsen auf den Po und mit lautem Geschrei. Doch Flecki dreht sich nur im Kreis.

Dahinter der angeblich so schnelle Esel mit Hanna, die ihrem Roberto am liebsten einen kräftigen Tritt in den Hintern geben würde, so lahm ist er.

Und über ihnen segelt Kolk auf breiten Flügeln.

Auf einmal erkennt Flecki, dass das Tor zur neuen Weide offen steht. Sie rennt sofort los. In wildem Galopp geht es über Stock und Stein zur Weide und den Berg hinauf. So schnell können nur Ponys rennen, die einen ganzen Winter lang von frischem, grünem Gras geträumt haben. Sie schlägt mit den Hinterhufen aus und macht wilde Bocksprünge. Hinter ihr schießt Kolk wie ein Pfeil herunter, überholt sie und schwingt sich dann wieder in die Höhe.

„Heia!", ruft Franz und klammert sich an Fleckis lange Mähne.

„Heia, heia!", ruft auch Josef von der Kapelle herunter, um seinen Bruder anzuspornen.

Nur Roberto scheint von der ausgelassenen Stimmung nichts zu spüren. Denn er trottet Flecki nur ganz langsam hinterher.

Erst als Rosina oben an der Kapelle „Iiih-aa" ruft, stutzt er und rennt ebenfalls los. Nicht so schnell wie Flecki natürlich, aber immerhin so schnell, dass er Hanna auf seinem Rücken ganz schön durchschüttelt.

Doch Hanna ist enttäuscht, weil sie so weit hinten dran ist. Jetzt weiß es wohl jeder, denkt sie. Natürlich sind Pferde viel schneller als Esel.

Doch noch ist das Rennen nicht zu Ende.

Kurz vor dem Ziel macht Flecki endlich die erhoffte Vollbremsung. Sie hat sich ausgetobt, und vor lauter Gier aufs frische Gras bleibt sie mitten in der Wiese stehen, um zu fressen. Und zwar so plötzlich, dass Franz in einem hohen Bogen über sie hinwegfliegt und weit vor ihr im Gras landet.

Oje, sieht das komisch aus! Von weit oben hört Hanna ihren Vogel glucksen, während sie sich an Robertos Halfter festklammert. Denn der Esel läuft weiter so schnell, wie er nur kann, zu seiner Rosina bei der Kapelle.

„Iiih–aa", rufen sich die Esel zu.

„Gewonnen!", ruft Kerlchen. „Hurra!", schreit Sylvia. Und über ihren Köpfen ertönt das Gebrüll des Raben: „Kooorrrp, kooorrrp!"

Hanna aber springt von Roberto und geht Franz entgegen, der langsam den Hang heraufkommt. Ohne Flecki.

„Hast du dir wehgetan?", fragt sie.

Doch Franz antwortet nicht.

Hanna sieht ihm an, dass er ganz schön wütend ist.

In den folgenden Tagen kommt nur Sylvia nach Buchenau. Hanna findet das ein wenig schade. Nein, sie ist sogar richtig bedrückt. Das liegt nicht etwa daran, dass sie die Wette mit einem Trick gewonnen hat.

Flecki und Roberto haben ja nur das gemacht, womit sie gerechnet hat. Es ist auch nicht wegen der frischen Weide. Papa hat überhaupt nichts gemerkt. Oder er hat zumindest nichts gesagt.

Nein, es ist dieses blöde Gefühl, dass jemand böse auf sie ist. Franz hat in der Schule gesagt, dass Hanna eine Betrügerin sei. Und Josef hat gemeint, er hätte Hanna richtig verhauen, wenn sie kein Mädchen wäre.

Sylvia spürt, was Hanna bedrückt.

„Sei nicht traurig", sagt sie. „Jungs können einfach nicht verlieren. Sie sind dann immer gleich beleidigt. Aber in ein paar Tagen ist alles vergessen ..."

Hanna tun diese Worte gut. Es ist schön, eine beste Freundin zu haben, die einen versteht und tröstet, wenn es darauf ankommt.

5. Kapitel
Die Dreierbande

Anfang Mai folgen auf Wind und Regen warme und sonnige Tage. Der Obstgarten ist ein einziges Blütenmeer und die Felder rings um Buchenau sind mit Löwenzahn übersät. Es ist eine wahre Freude zu sehen, wie es überall wächst und grünt und blüht.

Auch für die Tiere ist es eine schöne Zeit. Endlich können sie so viel frisches Gras fressen, wie sie wollen, und satt und rund werden. Nur Flecki darf noch immer nicht den ganzen Tag auf die Weide. Sie würde sonst wohl platzen, so einen Appetit hat sie.

Morgens wird es früh hell und Hanna ist meist schon vor dem Frühstück bei den Tieren. Es ist ihre Aufgabe, die Box von Flecki und die von den Eseln auszumisten. Das geht aber schnell, denn außer Flecki ist um diese Zeit niemand mehr im Stall.

Manchmal muss sie auch noch Kerlchen helfen, seine drei Zwerghasen zu finden. Eigentlich hält er sie in einem alten Küchenschrank, den Opa für ihn umgebaut hat. Aber dort ist es ihnen wohl zu langweilig, denn morgens ist der Schrank oft leer und die Hasen hüpfen durch den Stall, bis Hanna oder Papa sie wieder einfangen. Und wehe, wenn da einer fehlen würde. Das Geschrei von Kerlchen möchte niemand erleben. Sie heißen Ene und Mene und Mink und sind Gott sei Dank drei Männchen. Denn sonst gäbe es bald ein riesiges Zwerghasenvolk auf Buchenau.

Außerdem muss Hanna morgens die Hühner füttern und ihnen frisches Wasser geben. Auch das ist nicht viel Arbeit. Sie füllt nur den Wassertrog und wirft ein paar Hand voll Weizenkörner auf den Boden. Den Rest scharren sich die Hühner selber auf den Wiesen zusammen. Ja, und schließlich muss Hanna noch die versteckten Eier im Heu suchen. Kerlchen sammelt die Eier in den richtigen Nestern ein und sie die Eier, die die Hühner einfach irgendwo ins Stroh legen. Aber die meisten Verstecke kennt sie schon und findet die Eier bald.

„Wie viele Eier hast du?", fragt Kerlchen sie an diesem schönen Maimorgen, als Hanna vom Heuboden herunterklettert.

Hanna zählt nach. „Sechs. Und wie viele hast du?"

„Sechsundsechs", sagt Kerlchen ganz stolz. Er will immer mehr finden als seine Schwester.

Hanna zählt auch seine Eier. „Du hast elf."

„Sind das mehr?"

„Ja. Du hast wieder gewonnen." Hanna klopft ihrem Bruder anerkennend auf den Rücken.

„Ich bin besser als du!", sagt Kerlchen. Er nimmt die Eier von Hanna, legt sie vorsichtig in seinen kleinen Eimer und trägt ihn hinauf zu Mama.

Endlich kann Hanna zu Elia gehen.

Er braucht jetzt manchmal ihre Hilfe. Es sind vor allem die Gänse, die ihm keine Ruhe lassen. Sie drohen jedem, der jetzt in die Nähe ihrer Küken kommt. Sie schnattern wie verrückt und gehen mit langen Hälsen auf ihr Opfer los und versuchen, es zu zwicken.

Sogar Hanna und Kerlchen müssen sich vorsehen. Papa hat ihnen aber gezeigt, wie man sich wehren kann. Man muss einfach einen Stock nehmen, mutig auf die Gänse zugehen und genauso laut schreien wie sie. Dann weichen sie zurück.

Hanna kann das schon ganz gut und Kerlchen auch, wenn Hanna in der Nähe ist. Nur Elia kann sich gegen die Gänse überhaupt nicht wehren. Vielleicht verfolgen sie ihn gerade deshalb so schlimm. Er ist zwar viel schneller als sie, aber sie jagen ihn immer wieder weg, wenn sie ihn sehen. Hanna hilft ihm dann und rennt schreiend auf die Gänse zu, damit sie den kleinen Esel endlich zufrieden lassen.

„Ich glaube, das muss er selbst tun", hat Papa gesagt. „Sonst lernt er nie, sich durchzusetzen."

Da hat er sicher Recht. Trotzdem tut es Hanna Leid, wenn sie zusehen muss, wie die Gänse so böse zu Elia sind.

Wenn Hanna da ist, bleibt Elia immer in ihrer Nähe. Das gefällt ihr zwar, denn eine starke Beschützerin zu sein ist schön. Aber sie kann ja nicht immer auf ihn aufpassen.

Deswegen hat sie sich vorgenommen, Elia nur noch dann beizustehen, wenn es mit den Gänsen ganz schlimm wird.

Doch heute Morgen streiten sich die Gänse mit den Enten unten am Teich und Elia spielt mit den anderen Jungtieren auf der Weide.

Er hat Hanna noch gar nicht entdeckt. Die beiden Zicklein machen ihm verrückte Bocksprünge vor, richtige kleine Pirouetten. Sie springen über- und umeinander und manchmal sogar im Übermut auf den Rücken von einem Kalb. Das sieht lustig aus und alle beteiligen sich an dem Spiel.

Auf einmal rennen alle den Hang hinunter: Lämmer, Kälber, Ziegen und Elia. Sie laufen durch das seichte Wasser am Rand des Teiches, sodass das Wasser nur so spritzt und sogar die Gänse flüchten müssen. Nur Kolk ist noch schneller. Aber der kann ja fliegen.

Am liebsten möchte Hanna mitspielen. Sie läuft den Hang hinunter.

Als Elia sie kommen sieht, rennt er ihr sofort entgegen. In diesem Moment kommt Olmo, der verrückte Pfau, angeflogen.

Ausgerechnet der!, denkt Hanna.

Seitdem seine Frau brütet, ist Olmo noch verrückter als sonst. Natürlich kümmert er sich nicht um die Eier, sondern er hat nur noch Unsinn im Kopf. Bei jedem, aber auch wirklich bei jedem, muss er angeben. Da kann man richtig Angst bekommen. Er will aber bloß sein schönes Rad vorführen. Deshalb geht Hanna einfach an ihm vorbei, ohne ihn zu beachten. Das hat sie von den großen Tieren gelernt. Sogar Torro, der Stier, weicht dem Pfau aus. Er ist allerdings auch ein besonders gutmütiger Stier, der mit niemandem Streit sucht. Nicht einmal mit diesem verrückten Vogel.

Und so hat Olmo im Augenblick niemanden, bei dem er Eindruck machen kann. Außer Elia, der ahnungslos angetrippelt kommt. Der Pfau landet direkt vor ihm und bläht sich auf, wie er es immer macht. Seine riesenlangen Schwanzfedern stehen wie eine Wand vor Elia und er schreit derart laut, dass es in den Ohren wehtut. Dann geht er mit gesenktem Kopf auf Elia zu und rasselt mit seinem Gefieder.

Wie der arme kleine Esel da erschrickt!

Auf der Stelle kehrt er um und rennt zu den anderen Jungtieren zurück, anstatt dem Pfau einfach auszuweichen. Dadurch wird Olmo aber erst richtig wild.

Er fliegt Elia hinterher, überholt ihn und beginnt das ganze Spiel von vorne, nur noch lauter, noch aufgebrachter. Also macht Elia wieder kehrt und rennt erneut auf Hanna zu. Worauf Olmo ihn wieder überholt und sich vor ihm aufplustert.

Hanna versucht den Pfau zu vertreiben. Doch Elia galoppiert in seiner Angst wieder auf die Wiese hinaus und Olmo hinterher. Hanna schafft es einfach nicht, an die beiden heranzukommen. Der Pfau ist jetzt so aufgeregt, dass auch die anderen Jungtiere erschrecken und wegrennen. Doch Olmo hat es nur noch auf Elia abgesehen. Der kleine Esel rennt wie um sein Leben und hinter ihm fliegt der Pfau so verrückt wie ein aufgebrachter Gockel.

„Wo bleiben nur Roberto und Rosina?", schimpft Hanna, obwohl sie weiß, dass die Eltern von Elia noch unten am Teich sind und gar nichts mitkriegen können. Sie rennt und schimpft weiter, kann ihrem Elia aber gegen den aufgedrehten Pfau nicht helfen.

Einer allerdings hat doch gemerkt, was sich auf der Wiese abspielt. Kolk! Wie ein Pfeil kommt er angeflogen und stürzt sich sofort auf Olmo, sodass der Pfau richtig umfällt. Dadurch kann Elia endlich entkommen. Er rettet sich zu Hanna. Die umarmt ihn fest, doch erst nach und nach gelingt es ihr, den vor Angst zitternden kleinen Esel zu beruhigen.

Kolk und Olmo hingegen sind noch nicht fertig miteinander. Sie stehen sich wie zwei Streithähne gegenüber: der eine groß, mit seinem Rad aus bunt schillernden Federn, der andere kleiner, schwarz und ohne Rad, aber genauso aufgeplustert. Beide halten ihre Köpfe tief gesenkt und beide schreien sie, so laut sie können. „Koooorp!", ruft der eine und der andere gibt ein schreckliches Katzengejammer von sich. Wirklich, wie zwei Streithähne auf dem Misthaufen! Aber sie kämpfen überhaupt nicht miteinander. Sie stehen nur da und schreien sich an. Dann geht der Pfau auf Kolk zu und zittert mit seinen Federn. Schnell springt Kolk zur anderen Seite. Erneut baut sich der Pfau auf und wieder springt Kolk weg. Mit seinen langen Federn kann sich Olmo nicht so schnell drehen, wie Kolk hüpfen kann. Der Rabe ist viel beweglicher, er springt auf und ab, mal nach vorne und mal zur Seite. So schnell ist er, dass es Olmo bald ganz schwindelig wird. Ein paar Mal versucht er noch, Kolk einzuschüchtern, aber dabei wird er so torkelig, dass er fast umfällt. Und als er schließlich den Kampf aufgibt und in seine geliebte Hainbuche am Hoftor flüchtet, ist es, als wäre er ganz betrunken, so krumm und schief fliegt er.

„Hurra!", ruft Hanna und rennt zu Kolk. „Du hast Elia gerettet. Das war toll."

Sie nimmt den Raben auf den Arm und geht mit ihm zu Elia zurück. Der ist immer noch eingeschüchtert. Als Hanna aber Kolk auf seinem Rücken absetzt, rührt sich Elia nicht von der Stelle. Er steht einfach nur da, und es sieht sogar aus, als ob ihm das gefallen würde. Und Kolk gefällt es auch. Ein großer, schwarzer Rabe auf einem kleinen, wuscheligen Esel.

„Ab jetzt wird dich Kolk beschützen", sagt Hanna und krault Elia unter dem Kinn. Das mag er nämlich besonders gerne. Vorsichtig stupst er Hanna in den Bauch. Das ist immer ein Zeichen, dass es ihm gut geht. Hanna streichelt auch Kolk unter seinem großen Schnabel. Da gluckst der Rabe vor Vergnügen. Es ist wie eine richtige kleine Siegesfeier.

„Ihr seid mir vielleicht eine Dreierbande", sagt Mama, als Hanna und ihre beiden Freunde kurz danach zum Haus heraufkommen. Sie schüttelt den Kopf und lächelt dabei. „Was haben wir da nur für eine Tochter in die Welt gesetzt!"

„Eine ganz besondere", sagt Papa stolz.

„Aber warum muss sie ausgerechnet einen Esel und einen Raben als Freunde haben?", wundert sich Mama.

„Jeder auf dem Hof hat eben seine Lieblingstiere", antwortet Papa. Damit spielt er auf Mamas weiße Tauben an. Die wohnen in einem großen, eckigen Taubenhaus, das auf einer hohen Stange mitten auf dem Hof steht. Und weil niemand auch nur eine einzige Taube schlachten darf, werden es immer mehr.

„So etwas Verrücktes", sagt Opa am Frühstückstisch. „Tiere ohne Zweck zu halten, das ist einfach blödsinnig."

„Wieso? Sie haben doch einen Zweck", sagt Mama. „Sie sind schön. Und das genügt."

Hanna meint das auch. Sie findet es gut, dass Mama keine Tauben schlachten will. Sie sind nämlich wirklich sehr schön.

Manchmal geht sie mit, um sie zu füttern. Mama ruft „Täubchen, Täubchen" und dann kommen sie alle angeflogen. Einige von weit oben am Himmel. Andere haben in den Bäumen ringsum schon gewartet. Sie bilden einen großen Schwarm und fliegen erst einmal im Kreis um den Hof. Bald aber werden die Kreise immer enger und sie wollen landen. Wie schön das aussieht, wenn sie ihre Schwanzfedern zu einem Fächer ausbreiten, die Flügel strecken und vor dem blauen Himmel über ihnen schweben. Und wenn die Sonne tief steht, schimmert das Licht durch ihre Federn.

Hanna und Mama nehmen dann jede eine Hand voll Körner und strecken ihre Arme weit aus. Da landen die Tauben eine nach der anderen auf ihren Schultern und Armen. Sie fliegen wieder auf, wechseln die Plätze und jede versucht vorsichtig, ein paar Körner zu ergattern. Oder sie lassen sich einfach ein wenig herumtragen.

Besonders schön ist es, wenn Papa und Kerlchen auch dabei sind. Denn dann sind sie alle vier von lauter Tauben zugedeckt, als wäre es Winter und würde sehr viel schneien.

Aber solche Sachen versteht Opa nicht.

„Früher haben wir die Tauben immer gegessen", schimpft er und gießt sich neuen Kaffee ein. Jeden Morgen frühstücken sie vor der Schule alle gemeinsam und dabei wird immer heiß diskutiert.

„Und sie machen viel Dreck", sagt Oma. „Da könnte man doch wenigstens ein paar von ihnen schlachten." Sie hält bei solchen Sachen immer zu Opa.

„Die Tauben sind einfach zu schön, als dass ich sie mir gerupft und gebraten auf einem gedeckten Tisch vorstellen könnte", findet dagegen Papa. Er hält immer zu Mama.

Hanna muss daran denken, dass leider auch auf Buchenau manchmal Tiere geschlachtet werden. Gänse und Enten zum Beispiel. Wenn es mal einen Festtagsbraten geben soll. Aber das macht dann immer Opa. Und es ist nicht ganz so schlimm, da Opa ja nur Tiere schlachtet, die die Kinder vorher nicht so genau gekannt haben, weil es so viele von ihnen gibt.

Papa sagt dann immer: „Wichtig ist, dass die Tiere vorher ein schönes Leben hatten und nicht in einem Käfig eingesperrt waren."

Das findet Hanna auch. Trotzdem fügt sie dann noch hinzu: „Und dass keine Lieblingstiere dabei sind."

Ja, jeder auf dem Hof hat eben seine Lieblingstiere. Opa und Oma haben ihre Katzen, Mama ihre Tauben und Kerlchen seine drei Hasen. Hanna findet es schön, dass es so viele Tiere auf dem Hof gibt. So kann jeder seine Lieblingstiere haben.

Nur, welche Tiere mag eigentlich Papa am liebsten?

Hanna überlegt, findet aber keine Antwort. Er hat mit allen Tieren zu tun. Doch mit keinem Tier ist er besonders befreundet. So wie sie mit Kolk und Elia.

„Jetzt ist aber Schluss mit der Träumerei", tönt es auf einmal. Es ist Papa. „Sonst verpasst hier jemand den Schulbus."

Oje! Hanna hat wirklich ein wenig geträumt. Sie holt schnell ihren Anorak und ihren Schulranzen. Dann krault sie Elia und Kolk, die draußen auf dem Hof gewartet haben, noch einmal kurz am Kinn und unter dem Schnabel.

Mama hat heute keinen Unterricht. Deswegen bringt Papa Hanna zum Schulbus.

„Damit es schneller geht", sagt Mama und gibt Hanna einen Kuss.

Wenn sie wüsste. Nur mit Mama kommt sie immer rechtzeitig zum Schulbus. Meist müssen sie sogar noch mit den anderen Kindern an der Haltestelle warten. Mit Sylvia und den beiden „Zwillingen", die immer noch nicht richtig mit Hanna reden.

Aber wenn Papa mit ihr geht, kommen sie häufig zu spät. Auf jeden Fall haben sie es am Ende immer sehr eilig. Egal wie früh sie losgehen. Weil es unterwegs so viel zu erzählen gibt. Oder weil sie Blumen für Mama und für Oma pflücken. Oder einfach nur Kaulquappen in irgendeiner Pfütze zählen müssen.

„Ach, wäre das schön, wenn du auch mich mal so im Bart kraulen würdest wie vorhin Elia und Kolk", ruft Papa scherzhaft, als sie durch die Allee hinunter zum Dorf laufen.

„Das tue ich doch", ruft Hanna. „Mindestens jeden Sonntagmorgen, wenn Kerlchen und ich zu euch ins Bett kommen."

„Ach ja." Papa läuft ein wenig langsamer, damit Hanna ihn einholen kann. „Das habe ich ganz vergessen. Es ist so selten Sonntag bei uns."

„Aber Papa. Es ist doch jede Woche einmal Sonntag", keucht Hanna ein wenig vorwurfsvoll. Er ist manchmal wirklich sehr zerstreut.

Papa lächelt und gibt Hanna im Laufen einen Schubs.

„Da", ruft er und zeigt mit dem Arm nach oben. „Schau, wie schön die Bussarde über uns segeln."

Auf einmal kommt Hanna ein ganz neuer Gedanke.

„Hast du vielleicht die wilden Tiere am allerliebsten?", fragt sie und versucht, mit seinen langen Schritten mitzuhalten.

Papa läuft eine Weile weiter, ohne etwas zu sagen.

„Ja", antwortet er dann. „Die Tiere, die wirklich frei sind."

6. Kapitel
Kolk wird eingesperrt

Zwei Wochen nach Pfingsten kommen Almut und Caspar zu Besuch. Das sind Mamas Schwester und ihr Freund. Die beiden sind immer zusammen. Und sie sind sehr, sehr nett. Sie haben vor, im Sommer auf Buchenau zu heiraten.

„Wenn wir schon so etwas Verrücktes machen, dann nur hier", sagt Almut. „Zwischen all den Tieren."

Sie mag die Tiere. Allen voran mag sie aber Flecki.

„In die Kirche fahren wir in der Ponykutsche. Und ihr anderen müsst uns hinterherlaufen", schwärmt Almut. „Aber vorher müssen wir ein Flecki-Abspeckprogramm starten."

„Oh ja", freut sich Hanna. „Sobald es warm genug ist, werden wir mit Flecki baden gehen. Da nimmt sie bestimmt ab." Bevor sie aber mit dem Flecki-Abspeckprogramm beginnen können, müssen sie Papa bei der Heuernte helfen. Vor ein paar Tagen hat er das Gras auf den Wiesen um Buchenau mit dem Traktor geschnitten. Das ist schon ein wenig spät. Die anderen Bauern haben ihr Heu längst schon gemacht. Aber auf Buchenau wird es immer etwas später geschnitten.

„Noch vor kurzem war das Gras grau und mickrig. Und jetzt muss ich es schon wieder schneiden", hat Papa gesagt. „Es geht alles viel zu schnell und ich komme nicht mehr mit."

„Doch, doch, Papa", hat Hanna gesagt und ihm auf den Bauch geklopft. „Du schaffst das schon, wenn wir dir helfen."

Sie weiß ja auch, warum Papa das Heu so spät mäht. Damit die Rehkitze und die Hasen, die sich in den Wiesen verstecken, schon groß genug sind, um wegzulaufen, wenn die Mähmaschine kommt. Und weil die Jungvögel, die im Gras ihr Nest haben, dann schon flügge sind.

Jetzt aber ist das Gras geschnitten. Dann hat Papa einige Tage lang das Heu mit dem Heuwender hinten am Traktor gewendet, damit es gut in der Sonne trocknet. Und zum Schluss hat er mit dem Schwader das Heu zu langen Bahnen zusammengerecht. Heute wird Bauer Heini vom Nachbarhof mit seiner Heupresse kommen, um das Heu in kleine Bündel zusammenzubinden.

Doch bevor Heini kommt, muss Kolk verschwinden!

Der Rabe darf auf keinen Fall mit zum Feld fliegen, wenn sie Heu machen und Heini dabei ist. Denn falls er dann irgendetwas anstellt, wird Heini wieder schrecklich zornig auf ihn werden.

Also gibt es da nur eins: Kolk in den Stall sperren. Doch das mag er überhaupt nicht. Eingesperrt zu sein ist für ihn sogar das Schlimmste, was es gibt. Aber dieses Mal ist es eine Notsituation.

Hanna läuft in die Küche und holt ein großes Stück Salami aus dem Kühlschrank. Dann eilt sie zu Elia auf die Wiese. Wie erwartet sitzt Kolk auf dem Rücken seines Freundes.

Hanna hat ein schlechtes Gewissen, weil sie Kolk jetzt überlisten muss. Aber es ist ja nur, um ihn vor Heini zu schützen.

Elia schreit richtig vor Vergnügen, als er Hanna kommen sieht, und rennt ihr sofort entgegen.

Kolk jedoch fliegt erst einmal auf seine Birke und schaut zu. Sogar als Hanna und Elia den Hang hinuntertoben, bleibt er sitzen. Obwohl er sonst nie widerstehen kann, wenn irgendetwas Lustiges im Gange ist. Nein, dieses Mal hält er sich zurück. Es ist, als ob er ahnen würde, was Hanna vorhat.

Doch Hanna kennt ihren Kolk. Zuerst gibt sie Elia im Stall ein wenig Hafer, damit er sich still verhält.

Dann nimmt sie die Salami und geht wieder vor den Stall.

„Hmmm, schmeckt das gut", sagt sie und beginnt, von der Wurst kleine Stücke abzubeißen. „Die Salami ist einfach köstlich."

Sie setzt sich auf den Holzzaun, und ohne Kolk zu beachten, schmatzt sie gerade so laut, dass er es hören muss, ohne gleich wieder Verdacht zu schöpfen.

Nun muss man wissen, dass Kolk noch etwas anderes so zuwider ist, wie eingesperrt zu werden. Und das ist, wenn Hanna ihm von ihrer Brotzeit nichts abgibt. Da kann er manchmal richtig wütend werden. Vor allem, wenn es sich um Salami handelt, sein Lieblingsessen. Salami ist überhaupt das allerbeste Futter auf der Welt für einen Raben. Außer Kuchen natürlich. Aber an den kommt er selten heran. Und ein schönes Stück Salami wäre jetzt genau das Richtige.

Vorsichtig blinzelt Kolk hinunter. Ja, Hanna hat noch etwas übrig. Er hüpft ein paar Äste weiter nach unten. Oje, Hanna verschlingt ja geradezu die Wurst. Schnell springt er auf den Zaun hinunter und setzt sich neben Hanna.

„Korp", sagt er deutlich genug.

Doch Hanna isst weiter, ohne ihn zu beachten.

„Kooorp!"

Hanna dreht langsam den Kopf.

„Ist was?", fragt sie und schaut Kolk gelangweilt an.

„Kooorp, kooorrrp!", brüllt der Vogel vor Wut.

„Ach, du willst ein Stück Salami haben!" Hanna steht auf. „Augenblick. Ich muss nur Elia aus dem Stall holen."

Sie geht los und lässt dabei ein kleines Stück von der Wurst fallen. Gerade so groß, als wäre es ein zufällig herabfallender Krümel. Das macht Kolk noch wütender. Schnell verschlingt er den Krümel. Dann springt er Hanna hinterher und versucht sie sogar in die Waden zu kneifen.

Wieder fällt ein Stück ab. Dieses Mal ist es ein wenig größer. Kolk schlingt es ebenfalls hinunter und fliegt dann Hanna voraus in den Stall, um ihr den Weg abzuschneiden.

„Kooorrrp!", brüllt er jetzt so laut, dass Hanna richtig erschrickt. Doch innerlich muss sie über Kolk lachen, der so verrückt nach ihrer Wurst ist. Dabei hat er doch überall in der Gegend seine Verstecke, wo bestimmt die schönsten Leckerbissen lagern.

Elia hat noch etwas Hafer in seinem Eimer. Trotzdem nimmt Hanna ihn weg und geht in die Futterkammer. Dort tut sie so, als würde sie noch mehr Hafer in den Eimer füllen. Kolk springt ihr hinterher und setzt sich auf den Deckel des Hafertrogs.

„Kooorrrp!"

„Ist ja gut", beruhigt ihn Hanna. „Von mir aus kannst du den Rest haben." Sie legt die Salami auf den Futtertisch, möglichst weit weg von der Tür.

Im Nu ist Kolk bei der Wurst und packt sie mit dem Schnabel. Im gleichen Moment aber ist Hanna schon bei der Tür. Sie greift noch den Eimer mit dem Hafer für Elia und schlägt dann die Tür von außen zu.

„Tut mir Leid, Kolk! Aber es muss sein."

Schnell stellt sie den Eimer vor Elia hin. Die anderen warten sicher schon. Sie rennt los und hält sich dabei die Ohren zu. Denn noch weit unten in der Allee ist der Wutausbruch von Kolk zu hören.

Alle sind auf dem Feld. Vorneweg fährt Heini mit der Heupresse, die unentwegt neue Ballen ausspuckt.

Dahinter recht Oma das Heu zusammen, das die Presse nicht erwischt hat. Dann folgt Mama auf dem Traktor mit dem Heuwagen hinten dran. Neben ihr sitzt Kerlchen und schaut besonders geschäftig. Papa und Caspar laufen nebenher und werfen die Ballen mit der Heugabel auf den Wagen. Dort packt sie Almut und schleppt sie zu Opa, der sie übereinander stapelt. Das ist die wichtigste Arbeit und eine richtige Kunst. Man muss den Wagen möglichst breit und hoch aufladen. Trotzdem dürfen keine Bündel herunterfallen. Oder gar die ganze Ladung. Dann kann es nämlich zu schlimmen Unfällen kommen.

Aber Opa hat alles im Griff.

„Ich mach das schon seit siebzig Jahren", sagt er, zufrieden über seine eigene Geschicklichkeit.

„Hast du das als Baby schon gemacht?", fragt Hanna, die gerade hinzugekommen ist. Sie weiß ja, dass Opa erst im Winter seinen siebzigsten Geburtstag gehabt hat.

„Na ja, dann eben seit fünfundsechzig Jahren", sagt Opa und lacht.

„Dann warst du also jünger als ich, als du damit angefangen …"

„Johanna!", fährt Mama dazwischen.

„Lass nur", sagt Opa, während er mit seiner Arbeit weitermacht. Denn der Traktor rollt ja langsam weiter über die Stoppelwiese und Papa und Caspar werfen ständig neue Bündel auf den Wagen. „Lass nur. Es waren damals wirklich andere Zeiten. Da mussten sogar die ganz kleinen Kinder mithelfen. Auch bei der Heuernte. Wir waren nicht so verwöhnt wie ihr."

„Und auch nicht so glücklich", sagt Mama.

„Da hast du Recht", stöhnt Opa und richtet sich kurz auf. „Die alte Zeit war nicht nur gut. Für Kinder jedenfalls war sie hart."

„Auch ich arbeite hart", sagt Hanna.

Das stimmt. Eigentlich hätte sie sich nur neben Kerlchen auf den Notsitz zu setzen brauchen. Aber wenn alle mithelfen, möchte sie nicht nur zuschauen.

Sie rennt allen voraus und zieht die Bündel, die aus der Heupresse zu weit weggefallen sind, näher zu den anderen, damit Papa und Caspar nicht so weit laufen müssen. Das ist wirklich harte Arbeit, denn die Bündel sind schwer.

Zumindest für Hanna.

Aber auch ein wenig für Papa und für Caspar. Der Heuwagen ist schon hoch beladen, und da müssen sie die letzten Bündel weit nach oben stemmen, damit Almut sie packen kann. Dabei kommen sie ganz schön ins Schwitzen. Und obwohl es schon später Nachmittag ist, ist es so warm wie noch nie in diesem Jahr. Ein richtig heißer Sommertag. Alle haben nur leichte Kleidung an und Mama trägt sogar ihren breiten Strohhut zum Schutz gegen die Sonne.

„Nichts geht mehr", ruft Opa vom Heuwagen herunter. Der ist jetzt wirklich voll beladen.

Mama hält den Traktor an. Papa und Caspar setzen sich jeder auf ein Bündel und wischen sich den Schweiß von Gesicht und Nacken. Auch Hanna setzt sich neben Papa und wischt sich die Stirn.

„So, das war der erste Wagen", sagt sie.

Da muss Caspar laut loslachen. „Hanna, die perfekte Bäuerin!"

Er greift ihr unter die Arme und stemmt sie hoch in die Luft, sodass Hanna, die furchtbar kitzelig ist, laut lachen muss.

„Was ist denn da los?", ruft Almut von oben. „Und wer kitzelt mich?"

Sie erhält keine Antwort, denn Oma kommt gerade mit einem großen Krug voll frischem Wasser und mit belegten Broten.

„Du bist ein Schatz", sagt Opa und rutscht langsam von oben an den Heubündeln entlang nach unten und landet mit einem Satz auf dem Boden.

„He!", ruft Caspar. „Da ist aber jemand noch ganz schön rüstig."

„Das Landleben hält eben jung", sagt Opa und lacht stolz.

„Und wie komme ich hinunter?" Almut sitzt immer noch oben auf dem Heuwagen.

„Spring!", sagt Caspar und breitet seine Arme aus. „Spring in meine Arme!" Caspar ist groß. Größer als Papa. Und er hat starke Arme. Trotzdem traut sich Almut nicht zu springen.

„Nein, nein! Das ist viel zu hoch. Ich breche mir's Genick, und du bist ein Witwer, noch bevor du mich geheiratet hast."

„Dann heirate ich halt eine andere. Hanna zum Beispiel", sagt Caspar lachend und er stemmt Hanna wieder hoch in die Luft.

„Ja", ruft Hanna.

Nun rutscht auch Almut den Heuberg hinunter und landet mit so viel Fahrt in den Armen von Caspar, dass sie alle beide umfallen und auf den Boden kullern.

„So! Das werden wir ja sehen, wen du heiraten wirst!", sagt Almut streng und steht auf. „Deine große Liebe nämlich. Und das bin ich!"

„Verstanden!" Caspar zieht den Kopf zwischen die Schultern und schaut ganz eingeschüchtert aus. „Dein Wunsch ist mir Befehl."

„Ist das nicht schön, so verliebt zu sein?", sagt Mama nach einer Weile zu Papa. Der liegt auf dem Rücken und schaut in den blauen Himmel.

„Der träge Duft von frischem Heu", sagt er und scheint mit seinen Gedanken ganz woanders zu sein.

„Was ist mit dem Heu?", fragt Mama.

„Eigentlich ist das doch verrückt", antwortet Papa. „Hier schuften wir, um Heu zu machen, damit die Tiere im Winter daraus Mist machen. Und den Mist streuen wir dann auf die Wiesen, damit das Gras im nächsten Jahr wieder wächst und wir wieder schönes Heu machen können und die Tiere wieder viel Mist."

„Und ich dachte, du machst mir jetzt eine Liebeserklärung", sagt Mama und lacht. Dann reicht sie Papa ein Brot. „Vergiss nicht, dass wir davon leben. Zum Teil wenigstens."

„Und außerdem ist es schön mit so vielen Tieren", fügt Hanna hinzu. Sie hat sich neben ihren Vater gesetzt und kitzelt ihn mit einem Grashalm im Gesicht. „Das ist das Schönste überhaupt."

In diesem Moment sieht sie, dass Kolk hoch über ihnen segelt. Auch Papa hat ihn entdeckt.

„Oma!", schreit Hanna auf. „Hast du Kolk rausgelassen?"

„Wieso? Hätte ich das nicht machen sollen?" Oma sieht ganz verdutzt aus. „Er hat so einen Lärm gemacht, dass ich dachte, der ganze Stall fliegt auseinander."

„Oma! Du weißt doch …" Hanna bringt kein Wort mehr heraus. Es ist, als ob ihr die Kehle zugeschnürt wird. Sie springt auf den Traktor und schaut nach Heini. Doch sein Traktor ist nirgendwo mehr zu sehen. So weit das Auge reicht, sieht sie nur lauter Heubündel auf abgemähten Wiesen.

„Heini ist längst fertig", sagt Papa. „Und außerdem wird er Kolk nichts tun."

„Die Zwillinge sagen aber, dass er Kolk erschießen wird, wenn er ihn beim Jagen erwischt."

„Das wird er aber nicht", sagt Papa. „Da brauchst du keine Angst zu haben. Kolkraben fressen nur Aas. Sie jagen gar nicht selber. Und außerdem bekommt er doch von uns genug zu fressen."

Es ist schön, dass Papa sie beruhigen will, aber ganz sicher fühlt Hanna sich trotzdem nicht. Sie weiß nun mal, dass Heini Kolk nicht mag. Wie die meisten im

Dorf. Allerdings würden die anderen Kolk nichts antun. Aber Heini ist ein Jäger und das ist was ganz anderes.

Nach der Brotzeit fährt Papa den Traktor mit der schweren Heuladung über die Stoppelwiesen zum Hof hinauf.

Noch immer segelt Kolk auf breiten Flügeln hoch oben am Himmel. Er bewegt kaum eine Feder, so ruhig gleitet er durch die Luft. Fast unbemerkt folgt er ihnen bis zum Stall.

Dort macht Papa das Förderband an. Opa wirft die Ballen vom Wagen und Papa legt sie auf das Band, während die anderen oben an der Luke zum Heuboden die Ballen entgegennehmen und drinnen aufstapeln.

Plötzlich, als wieder ein Ballen auf dem Förderband nach oben fährt, stürzt Kolk wie ein Pfeil vom Himmel und schwingt sich auf den Ballen.

Er hat alle ziemlich erschreckt.

„Dieser freche Vogel!", schimpft Opa. Und Almut rettet sich mit einem Sprung in die Arme von Caspar. Sogar Hanna fährt zusammen, aber sie freut sich auch, dass Kolk wieder da ist. „Kolk", ruft sie.

Doch der Rabe würdigt sie keines Blickes. Kaum ist er mit dem Ballen bis zum Heuboden hinaufgefahren, hüpft er schnell wieder nach unten und fährt auf einem neuen Ballen nach oben. Es sieht so komisch aus, wie er voller Würde dasitzt und sich befördern lässt.

Wie auf Elia, denkt Hanna. Noch einmal ruft sie seinen Namen und wieder bekommt sie keine Antwort. Nicht mal den kleinsten Seitenblick.

„Ich dachte, ihr seid Freunde", sagt Mama. „Was ist denn los?"

„Ach, nichts", antwortet Hanna und versucht zu lachen. „Kolk fährt halt gerne auf Heuballen. Und wenn ihm etwas so viel Spaß macht, dann ist er ganz versunken."

Insgeheim aber ist Hanna ein bisschen gekränkt, weil Kolk sie überhaupt nicht beachtet. Dabei hat sie ihn doch vorhin erst vor Bauer Heini gerettet.

Na ja, denkt sie, er ist wohl immer noch beleidigt, weil ich ihn heute in den Stall gesperrt habe.

Schon nach der ersten Heuladung ist Kerlchen so müde, dass Oma ihn ins Bett bringt. Hanna schafft noch zwei weitere Wagenladungen. Dann kann auch sie sich kaum noch wach halten.

Die Arme und Beine brennen ihr von den vielen kleinen Stichen der harten Grashalme und sie ist über und über mit Staub und Grassamen bedeckt. Die Sonne steht schon tief, aber auf dem Heuboden ist es immer noch drückend heiß und so staubig, dass man kaum atmen kann. Hanna geht in den Stall hinunter und legt sich aufs Stroh. Nach all der Hitze fühlt es sich angenehm kühl an und sie schläft sofort ein.

Stunden später, es ist schon dunkel, findet Papa sie tief ins Stroh gekuschelt. Er und die anderen haben die letzten Ballen eingefahren und suchen jetzt nach Hanna.

Die aber schläft immer noch fest. Und neben ihr liegt Elia. Das sieht nett aus. Papa holt eine Decke aus dem Haus und zeigt dann den anderen, wo er Hanna gefunden hat.

„So ein Kind wollen wir auch haben", schwärmt Almut und lehnt sich an Caspar.

Und Mama sagt leise: „Hanna und ihr kleiner Esel."

Dann will sie Hanna hochheben, um sie ins Haus zu tragen.

„Lass sie doch hier schlafen", sagt Papa. „Ich habe eine Decke geholt."

„Du und deine Tochter." Mama richtet sich wieder auf und gibt ihrem Mann einen Kuss.

Papa legt die Decke über Hanna. Dann gehen sie alle leise aus dem Stall.

7. Kapitel
Der Fuchs und der Hahn

Am nächsten Morgen wacht Hanna früh auf. Zuerst weiß sie gar nicht, wo sie ist. Draußen dämmert es, aber im Stall ist es noch dunkel. Über ihr flattert ein Huhn ins Freie. Und neben ihr steht jemand und schubst sie sanft in die Seite. Sie streckt vorsichtig ihre Hand aus und erkennt sofort, wer es ist. Wie schön, von der weichen Schnauze eines kleinen Esels geweckt zu werden. Sie setzt sich auf und streckt die Arme in die Höhe.

„Hast du die ganze Nacht neben mir geschlafen?", fragt sie und reibt ihre Nase in Elias Fell.

Dann geht sie hinaus auf den Platz vor dem Stall. Dort herrscht schon reges Leben. Ein heller Streifen am Horizont verbreitet erstes Licht und lässt die Tautropfen im Gras glitzern. Auch das Morgenkonzert der Vögel ist in vollem Gange. Und ebenso das der Hähne. Drei sind es, die sich gegenseitig mit ihrem

„Kikeriki" zu überbieten suchen. Jeder hat seine Hennen um sich versammelt und stolziert so steif und aufgeplustert herum, wie es nur Hähne können.

Aber wo ist Kolk? In seiner Birke ist er nicht und auch sein ewiges „Kooorp" ist nirgendwo zu hören.

„Du dummer Vogel", sagt Hanna laut vor sich hin. Sie hat wieder dieses blöde Gefühl, dass einer böse auf sie ist. Und diesmal ist es sogar ihr bester Freund. Neben Elia natürlich. Aber auch sie hat Kolk ein wenig übel genommen, dass er sie gestern Abend absichtlich so übersehen hat. Zugleich tut es ihr jedoch Leid, dass sie ihn täuschen und einsperren musste.

Was hat Papa damals auf dem Weg zum Schulbus gesagt? „Wenn sie wirklich frei sind", hat er gesagt und die Wildtiere gemeint. Eigentlich ist Kolk ja auch ein Wildtier. Auch wenn er ganz zahm ist. Vielleicht hat es ihn deshalb so verletzt, dass sie ihn eingesperrt hat?

Hanna fröstelt ein wenig. Sie holt die Decke aus dem Stall, legt sie um ihre Schultern und setzt sich auf den Zaun vom Reitplatz. Von hier hat man eine gute Sicht, wenn es heller wird. Irgendwo muss Kolk ja sein.

Elia trottet zu seinen Eltern auf die Weide. Sonst aber regt sich noch wenig bei den größeren Tieren. Hier und dort sieht Hanna etwas Schwarzes auf der Koppel liegen. Das müssen die Rinder sein, und das

Weiße hinten am Waldrand die Schafe. Sie fühlt sich noch ein bisschen müde und döst fast wieder ein.

Doch da, auf einmal bewegt sich etwas vor den Schafen. Hanna schaut genau hin. Es sind mehrere kleine Schatten, die an den Schafen vorbeilaufen und im Dunkeln wieder verschwinden.

Seltsam. Hanna hat keine Ahnung, was es gewesen sein könnte. Die Schatten waren viel schneller als Hühner. Enten waren es nicht und Katzen auch nicht. Die laufen nicht zu mehreren herum.

Bei ihren Überlegungen wird Hanna von den Gänsen abgelenkt. Mit ihren kleinen Küken in der Mitte watscheln sie langsam aus dem Stall. Unterwegs strecken sie zuerst das eine Bein, dann das andere von sich. Dann schütteln sie sich und strecken ihre Flügel aus, stecken ihre Hälse zusammen und schnattern jede mit jeder, die Kleinen dazwischen. Schließlich recken sich die Alten gemeinsam in die Höhe, breiten beide Flügel aus und schreien, so laut sie können, ihren Morgengruß in die Welt hinaus. Oder ihre Morgendrohung, wenn man so will, an alle, die ihren Kindern zu nahe kommen sollten.

Da! Wieder sieht Hanna diese Schatten zwischen den Gräsern huschen. Was ist das nur?

Es wird langsam heller und Hanna schaut wie gebannt auf die Wiese hinaus. Hinten grasen die Pferde. Flecki ist auch dabei. Die Kühe und die Schafe aber liegen noch im Gras. Nur die beiden Zicklein spielen irgendwo und stoßen mit den Hörnern gegeneinander. Hanna hört kaum hin. Sie kneift die Augen zusammen und erkennt endlich, was es ist: ein Fuchs, ein großer Fuchs. Und hinter ihm laufen weitere Füchse, kleine Füchse. Hannas Herz schlägt auf einmal viel schneller.

Vielleicht ist es eine Füchsin mit ihren Jungen, denkt sie.

Der große Fuchs ist dunkelrot. Die kleinen sind viel heller. Sie bleiben stehen und beobachten mit gesenkten Köpfen die Hühnerschar, die am Misthaufen zugange ist.

Hanna muss an den großen Fuchsbau oben im Wald denken. Diesen Waldabschnitt nennen die Leute hier den Fuchssand. Weil der ganze Hang mit Ein- und Ausgängen zu einer riesigen Fuchshöhle durchlöchert ist. Papa hat im letzten Winter Hanna und Kerlchen den Bau gezeigt. An einer Stelle haben sie im frischen Schnee die Spuren von einem Fuchs gesehen, die in eines der vielen Löcher führten. Und an einer anderen Stelle waren Spuren von einem Fuchs, der aus dem Bau herausgekommen war.

„Vielleicht sind es zwei Füchse", hat Papa damals gesagt.

Es hat auch überall sehr scharf nach Fuchs gerochen.

„Und wenn es jetzt zwei sind, werden es im Sommer viele sein", hat er damals noch hinzugefügt.

So ist es auch. Drei junge Füchse! Hanna kann die Jungen jetzt gut sehen. Sie liegen neben ihrer Mutter auf einem kleinen Hügel in der Wiese und beobachten weiter die Hühner, die im Mist herumkratzen. Küken rennen hin und her und die Hähne schreien sich heiser. Jeder möchte schöner, länger, lauter tönen. So merkt keiner von ihnen, wer da im hohen Gras auf der Lauer liegt. Eine Füchsin nämlich mit drei hungrigen Jungen.

Was die wohl vorhaben?, überlegt Hanna. Sie sitzt regungslos in ihre Decke eingehüllt und kann sich nicht vorstellen, dass die Füchse sich trauen werden, noch näher zu kommen.

Da täuscht sie sich aber! Plötzlich rennt die Füchsin geduckt nach vorne. Hühner flattern auseinander, Küken ducken sich, Gänse schreien und drei Jungfüchse flüchten in alle Richtungen. Nur die Hähne sind zu sehr mit sich selbst beschäftigt, als dass sie sofort merken, was los ist. So nutzt die Füchsin das allgemeine Durcheinander, rennt durch die aufgebrachte Schar flatternder Hühner und packt sich den ersten Hahn. Der ist so überrascht, dass er sein „Kikeriki" sogar im Maul der Füchsin weiter schreit, während sie mit ihm, so schnell sie kann, zum Wald hin davonrennt.

Hanna kann es kaum glauben. Ein Fuchs fängt direkt vor ihren Augen einen Hahn! Federn fliegen noch herum, Hühner gackern überall, Gänse schreien aufgeregt. Sie steigt auf den Zaun und versucht, die Füchsin noch zu erspähen. Zuerst sieht sie nur die drei Pferde, die durch die Wiese jagen. Dann hört sie das verzweifelte „Kakakak" des Hahnes irgendwo weit weg. Schließlich sieht sie gerade noch, wie die Füchsin mit dem Hahn im Maul den Waldrand entlangläuft und im Schatten der Bäume verschwindet.

Das ist ja unglaublich! Wie schnell das alles ging! Hanna ist immer noch wie gebannt. Sie starrt nur auf die Stelle am Waldrand, wo die Füchsin mit dem Hahn verschwunden ist.

Sicher wird sie ihn gleich töten, sagt sie sich. Oje, der arme Hahn!

In diesem Moment sieht sie die drei Welpen, die ihrer Mutter hinterherrennen. Ausgelassen springen sie in hohen Bögen über die Wiese, als würden sie sich schon auf das kommende Mahl freuen. Dann sind auch sie im Wald verschwunden.

Ist das alles wirklich wahr oder träumt sie nur? Hanna kneift sich in den Arm. Das tut weh, also ist es Wirklichkeit.

Sie sieht Elia bei seiner Mutter stehen. Und sie hört immer noch das aufgeregte Gezeter der Hühner. Nur Kolk ist nirgendwo zu sehen.

„So eine Unverschämtheit", schimpft sie. „Der arme Hahn."

Schon beim Mittagessen gibt es Streit wegen der Füchsin. Da es Sonntag ist und immer noch so schön warm, sitzt die ganze Familie draußen auf der Terrasse unter einem großen Sonnenschirm.

„Du musst sofort Heini Bescheid sagen", meint Opa. „Denn die kommt wieder. Und ihre Jungen auch."

Doch davon hält Papa gar nichts.

„Wenn Heini sie abschießt, sind sofort neue oben im Fuchssand", sagt er. „Und außerdem müssen auch Füchse irgendwo leben dürfen."

„Aber doch nicht ausgerechnet von unseren Hühnern", sagt Opa und fährt sich mit der Hand über die Glatze. Das macht er immer, wenn er der Meinung ist, bei Papa besonders viel Unverstand zu erkennen.

„Dann bau doch wenigstens einen Zaun für die Hühner", schlägt Oma vor. „Dann können die nicht raus und überall Dreck machen. Und der Fuchs kann nicht rein und die Hühner stehlen."

Aber auch dieser Vorschlag wird abgelehnt. Da können Oma und Opa reden, wie sie wollen. Papa bleibt stur. Er will die Tiere nun mal nicht einsperren.

Hanna tut nur der Hahn Leid. Deswegen findet sie

zuerst auch, dass Papa etwas unternehmen muss. Doch sie kann auch verstehen, dass er die Hühner nicht in einen Käfig sperren will. Und als Oma dann mal wieder von Kolk anfängt, ist sie ganz auf Papas Seite.

„Nicht einmal Kolk kann die Hühner schützen. Wozu ist dieser Vogel denn überhaupt gut?", fragt Oma.

„Er ist mein Freund", antwortet Hanna ganz energisch. „Dazu ist er gut!"

„Und meiner auch", sagt Papa und lächelt Hanna zu.

Noch eine Weile lang geht es so hin und her. Bis Almut dazwischenfragt: „Was ist eigentlich mit dem Flecki-Abspeckprogramm? Im nächsten Monat wollen wir auf Buchenau heiraten und sie ist immer noch rund wie eine Tonne."

„Im nächsten Monat schon!", ruft Hanna. Sie freut sich sehr auf die Hochzeit. Und sie hat nicht gewusst, dass es schon bald so weit ist.

Und Kerlchen meint: „Ich will auch verliebt sein und heiraten."

Nun endlich können alle wieder lachen.

„Ich verspreche dir, jeden Tag mit Flecki zum Schwimmen zu gehen", ruft Hanna dazwischen. „Da wird sie bestimmt wieder ganz schlank."

Almut und Caspar müssen gleich nach dem Mittagessen zurück in die Stadt, obwohl es Sonntag ist. Auf Buchenau arbeitet heute niemand, außer dem Füttern natürlich. Aber Caspar ist Fotograf und er muss am Abend auf einem Rockkonzert fotografieren.

„Hat das etwas mit Musik zu tun?", fragt Oma spöttisch.

„Und wie! Das ist die Musik für alle, die jung geblieben sind", ruft Opa aus und macht ein paar wilde Tanzschritte auf Oma zu.

„Ach du", sagt Oma lachend und tanzt tatsächlich ein paar Runden mit Opa. Es sieht aus wie Walzer oder Tango. Rockig ist es jedenfalls nicht. Aber das ist ja auch egal. Hauptsache, den beiden macht es Spaß.

„Weißt du, dass wir schon fünfzehn Jahre verheiratet sind?", sagt Mama zu Papa, als sie alle vor dem Haus stehen und Almut und Caspar nachwinken.

„Was, so lange schon?" Papa ist ganz verwundert.

Aber er tut bloß so. Das weiß Hanna sehr genau. Und sie hat es an seinem verschmitzten Lächeln gesehen.

Plötzlich fällt ihr Kolk ein. Wo mag der nur wieder stecken?

8. Kapitel
Elia geht baden

Am Nachmittag kommt Sylvia.

„Machst du mit beim Flecki-Abspeckprogramm?", fragt Hanna.

Sylvia schaut sie entgeistert an. „Bei was für einem Programm?"

„Egal. Wir gehen mit Flecki baden." Hanna freut sich schon.

„Ich und Hanna und du", sagt Kerlchen.

„Oh ja", ruft Sylvia aus. „Wir nehmen Brote mit und Schokolade und was zu trinken und machen einen richtigen Ausflug."

„Wir gehen zu dem großen Weiher im Wald", sagt Hanna. „Da ist es noch viel schöner als an dem kleinen unten bei uns."

Natürlich ist Flecki nicht begeistert, als Hanna ihr die Trense umlegt. Aber sie scheint doch zu merken, dass etwas Lustiges bevorsteht, und so lässt sie es diesmal ohne Protest geschehen.

Als Hanna mit Flecki aus dem Stall tritt, hält sie wieder Ausschau nach Kolk. Sie hat ihn immer noch nicht gesehen. Früher war das nicht ungewöhnlich. Da war er manchmal viele Tage weg. Aber seit der Geburt von Elia ist er noch nie so lange fort gewesen.

Hoffentlich jagt er nicht irgendwo und Heini sieht das, denkt sie, und es wird ihr ganz schwach bei dem Gedanken.

Auf einmal steht Elia neben ihr und da vergisst sie schnell wieder ihre Sorgen. Er steht einfach da und macht gar nichts.

„Typisch Esel", sagt Hanna und lacht.

„Süüüß", sagt Sylvia.

Als Hanna zum Haus hinübergeht, um die Sachen für den Ausflug zu holen, kommt Elia mit. Und als die Kinder endlich mit einem Rucksack voller Handtücher, Brote, Wasser und Obst zum Weiher aufbrechen, weicht er Hanna wieder nicht von der Seite. Zuerst denkt Hanna sich nicht viel dabei. Elia ist ja immer bei ihr. Aber dieses Mal folgt er ihr sogar, als sie Buchenau verlassen und in den Wald hineingehen.

„Soll Elia denn mitkommen?", fragt Sylvia.

„Klar. Er ist immer bei mir", sagt Hanna, als ob es das Natürlichste von der Welt wäre.

„Aber darf er das denn?", fragt Sylvia ungläubig.

„Warum nicht?", sagt Hanna. „Er gehört doch mir …"

„Und mir auch", ruft Kerlchen.

„… und außerdem ist er mein Freund", sagt Hanna.

Im Wald wechseln sie sich ab: Mal darf Kerlchen auf Flecki reiten, mal Sylvia. Hanna will nur laufen, denn Elia weicht immer noch keinen Schritt von ihr. Es ist alles neu für ihn.

„Das hier ist ein Wald", erklärt Hanna. „Und das hier ist ein Weg. Du brauchst keine Angst zu haben. Das ist alles nicht gefährlich."

Ihr leises Sprechen scheint Elia zu beruhigen. Ein paar Mal rennt er sogar kurz voraus und schnüffelt mal hier, mal dort. Aber sein Mut ist schnell verbraucht und er kommt zurück zu Hanna, die wieder ruhig zu ihm spricht.

„Das ist meine Freundin Sylvia. Die kennst du ja schon. Und auch meinen kleinen Bruder Kerlchen, der auf Fleckis Rücken sitzt …"

„Bin kein kleiner Bruder", sagt Kerlchen. „Ich bin viel größer als ihr." Er streckt sich und schaut auf Hanna und Sylvia herab.

Flecki will nun immer schneller laufen.

„Sie riecht sicher schon den Weiher", meint Sylvia und rennt mit Flecki und Kerlchen voraus.

Der Weiher ist vom Ufer aus kaum zu erkennen. Das Schilf ist so dicht, dass man das Wasser nicht sieht, und überall stehen Erlen und Eschen. Einige sind sogar umgefallen und versperren den Weg. Doch Sylvia und Hanna kennen sich aus. In den letzten Jahren waren sie mit ihren Eltern und vielen anderen aus dem Dorf oft hier zum Baden.

Und baden wollen sie jetzt auch, denn es ist immer noch richtig heiß. Im Schatten der Bäume ist es zwar etwas kühler, aber wenn man in die Sonne kommt, ist es warm wie im Hochsommer.

Am Ufer, wo das Schilf beginnt, ziehen sie alle drei ihre Kleider aus.

Dann bekommt Kerlchen seine Schwimmweste umgelegt. Das haben sie Mama versprechen müssen, denn er kann ja noch nicht schwimmen. Das Wasser am Ufer ist zwar nicht tief, und weit hinaus geht Kerlchen sowieso nicht. „Aber die Schwimmweste muss sein", hat Mama gesagt und dann hinzugefügt: „Johanna, du bist dafür verantwortlich!"

Sylvia und Hanna können schon schwimmen. Und Flecki auch.

Das Pony liebt den Weiher und es kennt den Weg. Deshalb springen sie jetzt alle drei, nackt wie sie sind, auf Fleckis Rücken und lassen sich durch all das Gestrüpp und das Schilf bis zum Wasser tragen. Äste kratzen an ihren Beinen und das Schilf schneidet so-

gar kleine Schnitte in die noch blasse Haut. Aber das macht nichts.

„Heia, Flecki", treiben sie das Pony an. Und der

kleine Esel kommt natürlich auch mit. Erst als Flecki ins Wasser geht, bleibt er am Ufer unruhig stehen.

„Komm, Elia!", ruft Hanna und springt von Fleckis Rücken ins Wasser. „Oh, ist das noch kalt!"

Auch Sylvia und Kerlchen springen ab und erschrecken, wie kalt das Wasser ist. Kerlchen will gleich wieder auf Flecki klettern, doch das Pony ist schon weiter draußen und schwimmt begeistert immer im Kreis herum.

„Prrr", ruft es und schüttelt den Kopf.

Ist das ein verrücktes Pony! Auch Hanna möchte ins tiefe Wasser.

„Komm, Elia!", lockt sie weiter und geht voraus. Allmählich fühlt sich das Wasser nicht mehr ganz so kalt an.

„Bleibst du bei Kerlchen?", bittet sie Sylvia, die Kerlchen an der Hand hält. „Ich schwimme mal raus zu Flecki."

In diesem Moment macht Elia einen großen Satz ins Wasser, rennt auf dem seichten Sandboden Hanna hinterher und drückt sich so nah an sie, dass sie fast umfällt.

„Du bist aber ein Angsthase", sagt sie zärtlich. „Komm, wir gehen weiter!"

Sie geht langsam ins tiefere Wasser voraus und Elia folgt ihr Schritt für Schritt. Ganz vorsichtig tastet er sich voran. Doch dann bleibt er wieder stehen.

„Iiih-aa", ruft er laut.

„Komm, mein Elia!", ruft Hanna zurück.

Und er folgt ihr tatsächlich. Von wegen Angsthase! Welcher kleine Esel würde wohl in diesem Alter baden gehen? Und noch dazu bei solch kaltem Wasser? Esel lieben doch die Wärme.

Aber Elia liebt auch seine Hanna. Und die geht voran ins immer tiefere Wasser. Es reicht ihr schon bis zum Bauch und Elia hat bald Schwierigkeiten, seine Hufe auf den Grund zu stellen. Er reckt seinen Kopf immer höher, damit er kein Wasser schluckt, und bewegt seine Beine immer schneller. Und mit einem Mal schwimmt er. Elia schwimmt!

„Hurra!", ruft Hanna.

Sie schwimmt ihm voraus, obwohl sie immer noch auf dem Grund stehen könnte. Aber mit einem kleinen Esel zu schwimmen, ist einfach zu schön.

„Ich will auch", schreit Kerlchen vom Ufer aus. Aber Sylvia hält ihn fest.

Elia kann sogar richtig gut schwimmen. Allerdings scheint er keine Kurven machen zu können, denn er schwimmt nur geradeaus. Auch dann, als Hanna wieder in Richtung Ufer schwimmt, zurück zu den anderen. Jawohl, Elia schwimmt einfach weiter, vorbei an Flecki, die immer noch ihre Kreise zieht und dabei verwundert dem kleinen Esel zuschaut.

Wo will der nur hin? Hanna schwimmt, so schnell

sie kann, hinterher. Auch Flecki versucht Elia einzuholen. Aber sie schaffen es nicht. Der Kleine schwimmt weiter und weiter und kommt schließlich ans andere Ufer. Dort ist der Grund sehr weich und matschig. Jeder, der hier badet, kennt das und hält Abstand. Aber Elia weiß das ja nicht. Er versucht Fuß zu fassen, sinkt aber jedes Mal tiefer in den Schlick hinein.

Mein Gott, wie soll ich ihn da nur herausbekommen?, denkt Hanna und rutscht auf dem Schlick vorsichtig auf dem Bauch voran. Elia aber kämpft und tobt im seichten Wasser und schreit sogar vor Angst. Es hört sich ganz schrecklich an.

„Ich komme doch, ich komme", ruft Hanna besorgt und rutscht immer näher, bis sie Elia erreicht hat. Vorsichtig versucht sie, im Schlick einen Halt zu finden. Ihre Füße sinken dabei fast ins Bodenlose. Und Elia tobt neben ihr wie wild.

Da, endlich fühlt Hanna festen Boden unter ihren Füßen. Es sind Steine und Wurzeln, alles sehr uneben und rutschig. Sie versucht sich aufzurichten, was ihr auch nach ein paar Versuchen gelingt. Dann streckt sie ihren Arm aus und packt Elia an der Mähne. Das ist nicht einfach, denn er tobt weiter, als ginge es um sein Leben. Aber wenigstens schreit er nicht mehr, und als Hanna ganz nah bei ihm ist, beruhigt er sich noch mehr. Er sinkt in Hannas Arme zurück und bleibt schließlich wie ein großes Baby erschöpft liegen.

„Was mach ich jetzt nur?", sagt Hanna leise zu sich selbst.

„Was machst du jetzt?", ruft Sylvia vom anderen Ufer.

Hanna hat keine Ahnung. Lange wird sie Elia so nicht halten können. Und außerdem wird es im Wasser wieder ganz schön kalt. Aber wenigstens hat sie in all dem Schlamm jetzt festen Halt unter den Füßen.

„Ich komme und helfe dir", ruft Sylvia.

„Nein, bleib da", schreit Hanna zurück. „Ich versuche, ihn ins tiefe Wasser zu ziehen."

Wie aber soll sie das in dem Schlamm schaffen?

Mit einer Hand hält sie Elia fest, mit der anderen tastet sie hinter sich im Schlamm. Wieder ist da ein Ast, auf den sie sich stützen kann. Sie legt sich vorsichtig auf den Rücken und stößt sich mit den Füßen vom festen Untergrund ab. Sofort beginnt Elia wieder mit allen Beinen zu strampeln, sodass Hanna ihn kaum noch halten kann. Zuerst versucht sie noch in Rückenlage weiterzuschwimmen, schluckt aber Wasser und muss sich wieder auf den Grund stellen, diesmal im tiefen, zähen Schlamm. Nein, so wird es nicht gehen.

„Hast du Probleme?", ruft da plötzlich jemand. Die Stimme kommt ihr bekannt vor.

Noch während Hanna das letzte Wasser auspustet, erkennt sie neben Sylvia und Kerlchen am anderen Ufer die „Zwillinge".

Wo kommen die denn her?, denkt sie und sieht, dass auch Hans und Role dabei sind, zwei andere Jungen aus dem Dorf. Neben ihnen stehen ihre vier Pferde.

„Wir kommen dir helfen", ruft Josef.

Im Nu haben die Jungen sich ausgezogen und rennen in ihren Unterhosen durchs seichte Wasser.

Sie schämen sich, denkt Hanna und muss schmunzeln.

Die vier schwimmen, so schnell sie können, zu Hanna hinüber. Erst als sie den Schlick unter ihren Füßen spüren, werden sie langsamer.

„Ihr müsst euch auf den Bauch legen und rutschen", ruft ihnen Hanna zu. „Dann geht es."

„Du bleibst hier", sagt Role zu Hans. „Du bist der größte und schwerste." Er versucht im Schlick einen festen Stand zu finden. „Hier kannst du stehen." Er zeigt Hans die Stelle. Dann robbt er mit den „Zwillingen" weiter.

Sogar der kleine Josef ist mit Eifer dabei. Weil er der kleinste und leichteste ist, muss er sich bis zu Hanna vorarbeiten. Die anderen warten ein paar Meter entfernt, wo das Wasser noch etwas tiefer ist.

„Toll, dass ihr da seid", sagt Hanna, während Josef ihr hilft, Elia zu halten. Der ist inzwischen wirklich schwer geworden. Er liegt einfach nur still in Hannas Armen und wartet auf seine Rettung.

Vorsichtig versuchen sie ihn durch den Schlick zu tragen. Aber es geht nicht. Der Matsch klebt wie Gummi an ihren Füßen. Sie kommen keinen Schritt vorwärts. Es ist, als ob der Schlick sie festsaugen will!

„Leg dich wieder auf den Rücken", sagt Hanna zu Josef. „Ich halte Elia so lange." Dann ruft sie den anderen zu: „Wir bilden alle eine schwimmende Brücke!"

Mühselig strampelt sich Josef frei und schwimmt neben Hanna. Auch die anderen Jungs befreien sich aus dem Schlamm und schwimmen in Rückenlage, wobei jeder den anderen an einem Fuß festhält. So bilden sie eine Kette.

„Ziehen!", ruft Role und dann versuchen sie, Hanna aus dem Schlick zu befreien. Doch Hannas Füße sitzen inzwischen so fest, dass sie nur umfällt und Elia wieder zu strampeln anfängt. Mit aller Kraft hebt sie ihn wieder aus dem Wasser, wobei sie jede Menge Wasser schluckt und furchtbar husten muss.

„Wartet", ruft sie dann. „Ich versuche, mich erst selbst zu befreien."

Sie hält sich weiter mit einer Hand an Josef fest und dadurch gelingt es ihr tatsächlich, ein Bein aus dem Schlamm zu ziehen.

„Jetzt!", ruft sie laut.

Die Jungen ziehen, so stark sie können. Viel Kraft haben sie bei dieser komischen Lage auf dem Rücken zwar nicht. Trotzdem schaffen sie es, Hanna freizubekommen.

Auch sie liegt nun auf dem Rücken im Schlick und neben ihr strampelt Elia panisch herum. Doch die Jungen ziehen einfach weiter, während Hanna Elia an seinen Ohren festhält. Da kann der Kleine so viel strampeln, wie er will. Langsam wird er aus der Gefahrenzone herausgezogen, bis er tiefes Wasser unter seinen Hufen hat. Endlich kann er wieder frei schwimmen.

Hanna schwimmt neben Elia und hilft ihm die Richtung einzuhalten. Sie spürt jeden Muskel ihres Körpers und alles tut ihr weh. Gleichzeitig fühlt sie sich aber sehr erleichtert und eine wohlige Freude steigt in ihr auf. Elia lebt! Es hat doch noch geklappt, ihn zu retten.

Und die Jungs haben super geholfen! Hans schaut kurz zu ihnen hinüber. Alle vier schwimmen neben ihr. Ihre Gesichter und ihre Haare sind voller Schlamm und Dreck. Doch ihre Augen leuchten. Auch sie wissen, dass sie gerade etwas Tolles geleistet haben.

Später, auf dem Weg nach Hause, will keiner der Jungen reiten. Sie führen alle ihre Pferde am Strick. Es sind Reitponys, auf denen sie im Wald unterwegs waren, als sie die Stimmen am Teich hörten.

Hanna geht zwischen den Jungen, die sich alle um sie und den kleinen Esel drängeln.

„Ein kleines Ferkel, dieser Elia", sagt Role. Hans und er sind Cousins. Sie wohnen im Dorf und gehen beide in dieselbe Klasse wie Franz.

„Den musst du zu Hause erst einmal richtig sauber machen", meint Hans und entfernt einen grau-braunen Schilfstängel aus Elias Mähne.

Der kleine Esel ist wirklich von oben bis unten mit Dreck besudelt. Normalerweise hat er ein ganz welliges Fell, jetzt ist es aber mit einer Lehmschicht bedeckt, die langsam trocknet und hart wird.

„Das war toll, wie du ihn an den Ohren aus dem Sumpf gezogen hast", sagt Franz zu Hanna.

„Und ich habe Hanna herausgezogen", sagt Josef.

„Ach so?", sagt Role und lacht. „Ich dachte, wir alle haben sie herausgezogen ..."

So laufen sie gemeinsam nach Hause und erzählen sich von ihrer Heldentat.

Kerlchen sitzt wieder auf Flecki. Die hatten sie in der Aufregung völlig vergessen. Im Wasser war sie auch nicht mehr. Endlich aber fanden sie sie am Ufer, wo sie in aller Ruhe Schilf fraß. Typisch Flecki!

Hanna ist stiller als sonst. Nicht weil sie zu Hause sicher Vorwürfe hören wird. Vor allem Oma wird wieder schimpfen. Aber das ist nicht so schlimm. Nein, irgendwie hat sie das Gefühl, dass sie vorhin in all dem Durcheinander ein lang gezogenes „Kooorrrp" gehört hat. Deswegen muss sie jetzt wieder an Kolk denken. Sie hofft so sehr, dass er wieder da ist, wenn sie nach Hause kommen.

Als sie aus dem Wald treten, machen sie kurz an der Kapelle Halt. Hanna beginnt Elia abzuputzen und alle helfen ihr dabei, sogar Kerlchen.

Von Kolk ist aber nirgendwo etwas zu sehen.

Auf einmal sagt Role: „Gut, dass der Vogel so geschrien hat."

„Ja, ohne ihn wären wir sicher am Weiher vorbeigeritten und hätten gar nichts bemerkt", fügt Hans hinzu.

„Welcher Vogel denn?", fragt Hanna.

„Na, dein komischer Rabe", sagt Franz. „Kolk oder wie er heißt …"

„Wo habt ihr ihn gesehen?", ruft Hanna aufgeregt, sodass die Jungen richtig erschrecken.

„Mann, was hast du?", fragt Role. „Ich dachte, du weißt immer, wo er ist."

„Nein, weiß ich nicht!", schreit Hanna wieder. Doch langsam beginnt sie zu begreifen.

„Er ist die ganze Zeit vor uns hergeflogen und hat gerufen. Da sind wir ihm halt nachgeritten", sagt Hans. „Und dann haben wir euch schreien gehört."

„Ja, er hat uns zu euch geführt", sagt Role. „Das war ganz toll."

Wie Hanna sich nun freut! Zuerst umarmt sie Elia. Dann umarmt sie Sylvia und Kerlchen, der überhaupt nichts versteht. Danach ist Flecki dran und schließlich die Jungen. Jeder bekommt eine richtig feste Umarmung.

Sogar die Pferde werden von Hanna umtanzt.

„Jetzt ist sie völlig verrückt geworden", sagt Franz leise.

„Die spinnt total", fügt sein Bruder hinzu.

Aber Hans sagt: „Ich glaube nicht, dass sie spinnt."

Und Role meint: „Sie freut sich, weil sie nicht gewusst hat, wo der Vogel ist. Vielleicht hat sie geglaubt, dass dein Vater ihn abgeschossen hat."

„So ein Quatsch", sagt Josef, dieses Mal vor seinem großen Bruder. Denn Franz sagt nichts. Er weiß, dass Hans und Role Recht haben.

„Dieser Kolk! Er hat die ganze Zeit gewusst, wo wir sind", sagt Hanna leise. „Und als Elia im Schlamm steckte, hat er euch zu Hilfe geholt."

„Genauso war es", sagt Role.

„Aber dann weiß er doch auch jetzt, wo wir sind", meint Sylvia nachdenklich.

„Klar", sagt Hanna. „Er weiß es!" Sie dreht sich zum Wald um und ruft: „Kooolk, Kooolk!"

Und alle rufen mit, so laut sie können.

Nun wäre Kolk nicht Kolk, wenn er da widerstehen könnte. Vergessen ist diese Geschichte mit dem Stall, wegen der er so beleidigt war. Sieben Kinder, die nach ihm rufen! Nein, da kann er nicht widerstehen.

Er springt aus seinem Versteck hoch oben in der großen Eiche am Waldrand und saust wie eine Rakete auf die Kinder zu, schießt in einem steilen Bogen wieder nach oben und lässt sich schließlich auf Elia nieder. Dort rülpst er erst ein kurzes „Korp" und beginnt dann seine Federn zu putzen, so als ob nichts gewesen wäre.

„Mann, ist das ein Vogel!", sagt Role bewundernd. „Der hat wirklich die Ruhe weg."

„Den und abschießen!", sagt Hans. „Das wäre schlimm!"

„Will ja auch niemand", sagt Franz leise.

„Das darf auch keiner", sagt Sylvia. „Kolk ist der tollste Vogel, den ich kenne."

„Und morgen machen wir wieder so einen schönen Ausflug", sagt Kerlchen und hüpft voller Vorfreude auf der Stelle.

„Ja", sagt Hanna, „aber hoffentlich ohne so viel Aufregung wie heute."

So stehen sie alle vor dem kleinen und ach so müden Elia und schauen noch lange zu, wie Kolk sich auf dessen Rücken putzt.

9. Kapitel
Eine Hochzeit mit Tieren

Regentage, Sonnentage. Es ist die Zeit der Glockenblumen und der Vergissmeinnicht, von Habichtskraut, Klatschmohn und Margerite. Die Getreideernte beginnt, der alte Stallmist wird auf die Felder gefahren und in der Schule fängt man langsam an, sich auf die großen Ferien vorzubereiten.

Doch bevor die Ferien beginnen, steht noch ein großer Tag ins Haus: Am vierten Juli soll die Hochzeit von Almut und Caspar sein. Schon seit Wochen sind Mama und Oma mit den Vorbereitungen beschäftigt. Das Essen muss geplant, Tischtücher gebügelt, Stühle lackiert, Fenster geputzt werden. Eine schreckliche Hektik hat das ganze Haus erfasst.

Als dann auch noch Almut kommt und nur noch über das Hochzeitskleid, über Blumengebinde und die Tischordnung geredet wird, flüchtet Hanna in den Stall.

Dort sitzen schon Papa und Opa im Stroh und grübeln.

„Kannst du das verstehen?", fragt Papa Opa. „Warum müssen die Frauen immer heiraten?"

„Keine Ahnung", sagt Opa. „Ich bin zwar bald fünfzig Jahre verheiratet. Aber warum, das weiß ich immer noch nicht."

„Weil du doch Oma liebst", sagt Hanna, der dieses Gespräch ein bisschen dumm vorkommt.

„Aber deswegen muss man doch nicht gleich heiraten", sagt Papa und kratzt sich am Kopf.

„Sonst kannst du aber keine Kinder haben und eine Familie sein, oder?", fragt Hanna ungeduldig.

„Ich weiß nicht", sagt Papa und tut so, als ob er scharf nachdenkt. „Du hast vielleicht Recht. Keine Kinder ... das wäre ja schrecklich ..."

„Siehst du", sagt Hanna. „Kinder sind nämlich was Tolles."

„Manchmal wenigstens", sagt Opa und lacht.

„Nein, meistens", sagt Papa und steht auf. „Egal, ob ihre Eltern verheiratet sind oder nicht. Kinder sind das Allertollste."

„Noch toller als die wilden Tiere?", fragt Hanna skeptisch.

„Tausendmal mehr", sagt Papa und umarmt Hanna. „Und am allertollsten ist für mich meine Tochter, meine liebste Tochter von allen."

„Aber du hast doch nur eine", wirft Hanna ein.

„Ja, eben. Deswegen ist sie auch meine allerliebste und allertollste und ..."

„... allerverrückteste Tochter!", fällt ihm Opa sofort ins Wort.

„Genau", sagt Papa. „Und weil wir viele solche verrückten Kinder brauchen, gehen wir jetzt alle drei zum Haus und fragen, ob wir bei dieser Hochzeit noch etwas helfen können."

„Ihr zwei, glaube ich, seid die Verrücktesten", sagt Hanna und nimmt beide an die Hand. „Kommt jetzt!"

Zu dritt gehen sie den Berg hinauf. Doch als sie am kleinen Haus der Großeltern vorbeikommen, drückt Opa sich mal wieder.

„Äh, ich glaube, ich muss erst mal nach den Katzen schauen", sagt er und ist verschwunden.

Hanna und Papa gehen eine Weile schweigend nebeneinanderher.

Plötzlich fragt Hanna: „Papa?"

„Ja."

„Wenn ich deine liebste Tochter bin, bin ich dann auch deine dümmste?"

„Oh nein", sagt Papa und lacht sie an. „Das bist du nicht." Dann denkt er aber ein wenig nach und fügt hinzu: „Nur manchmal bist du das, ein bisschen."

„Wie jetzt?"

„Ja, wie jetzt zum Beispiel."

Je näher der Tag der Hochzeit rückt, umso mehr freut sich Hanna darauf. Vor allem, nachdem auch Caspar nach Buchenau gekommen ist. Er hat sie wieder ein paar Mal in die Höhe gestemmt und „meine kleine Bäuerin" genannt. Mit ihm gibt es immer viel zu lachen.

Aber sonst werden alle von Tag zu Tag immer hektischer. Ja, auch Hanna ist inzwischen genauso nervös wie Mama und Almut. Sie soll nämlich den Hochzeitszug anführen, mit einem Glockenstab in der Hand.

Mama hat den Stab blau und weiß angemalt und dann lauter rote, gelbe und grüne Bänder darangebunden, mit vielen kleinen Glocken an den Enden. Jedes Mal, wenn Hanna den Stab auf den Boden stellt, bimmeln die Glocken, und das hört sich sehr lustig an. Oben auf dem Stab ist ein kleiner Kopf aus Gips, ein lachender Clown.

„Damit es eine fröhliche Ehe wird, in der die Glöckchen immer wieder klingeln", hat Mama gesagt. Und Hanna findet das sehr schön.

Endlich ist er da, der lang ersehnte Tag! Und er beginnt mit einem herrlichen Morgen.

Die Sonne geht strahlend über dem Wald auf und vertreibt schnell die flüchtigen Nebelschwaden, die sich in der Nacht über Teich und Bach gebildet haben.

Lerchen singen über den Wiesen und Schwalben jagen im Stall aus und ein.

Hanna ist heute noch früher auf als sonst. Sie zieht sich schnell an und geht hinunter zur Küche. Sehr leise, denn das ganze Haus schläft noch. Buchenau ist voll mit Verwandten und Freunden, die von weit her gekommen sind, um Almut und Caspar an ihrem großen Tag zu begleiten.

Nur Mama und Oma sind schon in der Küche am Werk.

Zu dritt wollen sie jetzt die Blumen für die Dekoration pflücken: Mama in ihrem Blumengarten, Oma in ihrem und Hanna auf der Wiese vor dem Stall. Der ganze Hof ist schon mit wunderschönen Bändern, mit Efeu, Getreideähren und Birkenlaub geschmückt. Der Hauseingang wird von einem geflochtenen Gebinde umrahmt, auf den langen Tischen im Garten breiten sich Fluten von Grün und Gelb aus, ja sogar die vielen Bäume um den Hof und in der Allee sind mit kleinen und großen Sträußen und Girlanden geschmückt. Nur die frischen Blumen fehlen noch.

Hanna nimmt einen Schubkarren, der vor dem Stall steht, und geht auf die Wiese. Gerade als sie das Tor wieder zumachen will, damit die Tiere ihr nicht auf die Wiese folgen, steht Elia neben ihr.

„Na gut, du darfst mit", sagt sie und lässt ihn noch durch.

„Iiih-aa", antwortet er. Und aus der Birke tönt es sofort: „Korp, korp!"

„Du darfst natürlich auch mit, Kolk", ruft Hanna und geht voraus.

Die Blumen und die Gräser reichen ihr fast bis zum Bauch. So hoch steht das Grün auf der letzten Wiese, die erst nach der Hochzeit gemäht werden soll, wenn keine Blumen mehr benötigt werden.

„Nicht einzeln pflücken, sondern ganze Büschel mitnehmen", hat Mama gesagt. Also reißt Hanna

Arme voll roter Lichtnelken, blauem Ehrenpreis und gelbem Hahnenfuß ab, Glockenblumen und Margeriten natürlich auch und viele verschiedene Gräser. Es tut ihr ein bisschen Leid, so viele Blumen zu pflücken, aber sie sind ja für einen besonderen Zweck. Und außerdem frisst sonst Elia alle auf.

Der kleine Esel rennt Hanna voraus und versucht, die Blumen abzuzwicken, bevor Hanna sie erwischt. Es ist fast ein kleines Wettrennen zwischen den beiden.

„Lass mir bitte noch was übrig", ruft Hanna und schlägt einen Haken, damit Elia nicht erkennt, nach welchen Blumen sie als Nächstes greifen will.

Doch der Esel ist nicht dumm und kommt ihr immer wieder zuvor.

Trotzdem, es gibt so viele Blumen auf der Wiese, dass Elia am Ende keine Chance hat. Nicht einmal Kolk kann sie hindern. Auch er hüpft Hanna vor den Beinen herum und versucht, ein paar Blüten vor ihr zu erwischen. Ohne Erfolg. Bald hat Hanna den ganzen Schubkarren voll mit Blumen.

„Hierher!", ruft Papa, als Hanna ihre Pracht an der Scheune vorbeischiebt.

„Schöne Blumen hast du", sagt Caspar. „Sie sind so bunt und so schön wie du selbst."

„Du sollst heute nicht meine Tochter heiraten, sondern meine Schwägerin", sagt Papa und gibt Caspar einen Schubs.

„Schade. Dann wäre ich der nächste Bauer auf Buchenau", scherzt Caspar.

„Und ich deine Frau", sagt Hanna fröhlich. Auf einmal aber schaut sie ihn skeptisch an. Seine Hosen und sein Hemd sehen nun wirklich nicht so aus, als wolle er damit in wenigen Stunden vor den Altar treten. „Sag mal, musst du dich nicht umziehen?"

„Oh, diese nüchternen Frauen auf dem Lande!" Caspar streckt seinen Arm weit aus. „Wo bleibt nur ihr Sinn für Romantik?"

„Aber einen Sinn für die Reihenfolge haben sie schon", meint Papa. „Zuerst umziehen, dann heiraten, dann Romantik."

„Zuallererst müssen wir aber die Hochzeitskutsche mit Hannas Blumen schmücken", sagt Caspar.

Papa und er haben in den letzten Tagen die beiden Kutschen hergerichtet, die kleine Ponykutsche für das Hochzeitspaar und die große, alte Kutsche für die Ehrengäste. Die stammt noch von Opas Eltern und in der sind auch Mama und Papa zu ihrer Trauung gefahren. Beide Kutschen sind geputzt, geölt und neu lackiert worden, sodass sie wunderschön glänzen. Sogar die zwei alten Leiterwagen, die sonst ganz hinten in der Scheune stehen, wurden herausgezogen und von all den Spinnweben und dem Staub der letzten Jahrzehnte befreit. So lange sind sie schon nicht mehr benutzt worden.

Papa und Caspar nehmen sich nun jeder einen Arm voll von Hannas Blumen und schmücken Kutschen und Leiterwagen damit. Hanna bringt den Rest zu Mama, die schon darauf wartet, denn heute soll Buchenau ein Blumenmeer sein.

Bei den letzten Vorbereitungen helfen nun auch die Hochzeitsgäste mit. Alle rennen sie herum und jeder hat eine besonders wichtige Aufgabe. Nur Almut ist nicht zu sehen. Sie ist in ihrem Zimmer und wird schön gemacht. Immerhin ist sie ja die Braut.

Und wie schön sie ist! Freunde von Caspar spielen den Hochzeitsmarsch und die ganze Familie und alle Verwandten und Freunde klatschen, als Almut wenig später die Treppe vor dem Haus heruntersteigt. Sie trägt ein langes, hellblaues Seidenkleid, das in der Sonne richtig glänzt. Im Haar hat sie einen Kranz von Vergissmeinnicht und im Arm einen hellrosa Strauß von Mamas allerschönsten Rosen.

„Und so eine wunderbare Frau will mich heiraten?" Mit strahlendem Gesicht geht Caspar Almut entgegen. Er hat jetzt einen hellen Leinenanzug mit Weste und Krawatte an. Er nimmt ihre Hände und bewundert sie von oben bis unten.

„Ja, das will ich", antwortet sie. „Nur dich!"

Hand in Hand gehen sie durch die festlich gekleidete Hochzeitsgesellschaft zur Ponykutsche.

Papa hat Flecki so gründlich gestriegelt und gebürstet wie noch nie. Sie hat einen Kranz aus Blumen um den Hals und an ihrer Miene kann Hanna erkennen, wie wichtig sie sich in diesem Augenblick vorkommt. Schließlich soll sie ja das Hochzeitspaar allen voran zur Kirche fahren. Nur Hanna mit ihrem Glockenstab wird noch vor Flecki herschreiten und den Hochzeitszug anführen.

Es sieht fast ein wenig komisch aus, wie der große Caspar in die kleine Ponykutsche einsteigt und neben Almut Platz nimmt. Aber die beiden wollen es ja so haben.

In der großen Kutsche hinter ihnen sitzen Opa und Oma oben auf dem Kutschbock und im Wagen Hannas andere Großeltern, die Eltern von Mama und Almut, und neben ihnen die Eltern von Caspar. Das sind die Ehrengäste. Ihr Wagen wird von zwei großen, schwarzen Pferden gezogen, die Papa von einem Freund ausgeliehen hat. Auf den beiden Leiterwagen, die von den Haflingern gezogen werden, nehmen jetzt die Musiker und auch die älteren Gäste Platz. Am Schluss des Zuges folgen dann die Jüngeren, die laufen müssen.

Endlich ist jeder auf seinem Platz und es kann losgehen.

Die Musik beginnt zu spielen, und Hanna hebt gerade den Glockenstab, da steht plötzlich Elia neben ihr. Wo kommt der denn auf einmal her? Hanna setzt den Stab wieder ab und die Musiker hören auf zu spielen.

„Nein, das geht nun wirklich nicht!", ruft Oma und springt auf. „Der Esel muss hier bleiben!"

„Kooorrrp!", ruft es da von oben.

Alle schauen zum Himmel und sehen Kolk, wie er weit über ihnen schwebt.

„Oh, ist der aber nett!", ruft jemand. Ein anderer meint: „Der soll ganz zahm sein." Und wieder ein anderer ruft ganz laut: „Ein Hochzeitszug unter dem Schutz des Raben." Da lachen alle.

Nur Oma ist anderer Meinung.

„Das halten meine Nerven nicht aus", ruft sie und wendet sich an Papa, der den Leiterwagen hinter ihr lenkt. „Christian Johannes", so nennt sie Papa, wenn sie sehr aufgeregt ist, „tu was!"

Aber was soll Papa denn tun? Den Vogel kann jetzt niemand einfangen. Einen Augenblick lang herrscht betretene Stille. Allerdings nur ganz kurz. Es ist Almut, die die Situation rettet.

„Lasst Tiere um uns sein bei dieser Hochzeit", ruft sie und alle finden das gut.

Oma setzt sich wieder hin. Sie muss sich geschlagen geben.

Wieder hebt Hanna den Glockenstab und es geht los. Bei jedem Schritt setzt sie den Stab so hart auf die Erde, dass alle Glocken klingen. Neben ihr trabt der kleine Esel, als wäre es das Natürlichste auf der Welt. Dahinter folgen die Kutschen und die Leiterwagen, auf denen wild gespielt und gesungen wird. Und überall dazwischen laufen die anderen Gäste.

Bald schlängelt sich der Hochzeitszug durch die Allee und den Berg hinunter Richtung Talham. Zuerst führt der Weg am Hof von Bauer Heini vorbei, wo die „Zwillinge" und ihre ganze Familie sich dem Zug in ihrer Kutsche anschließen. Dann geht es weiter von Hof zu Hof und immer mehr Freunde und Nachbarn kommen hinzu. Die meisten laufen, es gibt jedoch auch noch einige Kutschen und sogar Reiter, die sich ganz am Ende einordnen, darunter Hans und Role auf ihren Ponys.

Vorneweg aber geht Hanna, ohne auch nur einmal daran zu denken, wie schwer ihr der Glockenstab allmählich wird. Ja, sie schreitet unermüdlich voran und ist stolz wie nie zuvor. Nun ziehen sie durch das ganze Dorf und alle winken ihr zu.

„Toll, Hanna, wie du das machst", rufen die Leute und schließen sich an.

Der kleine Elia fällt dabei gar nicht mehr auf. Und den Raben, der hoch über ihnen segelt, haben die meisten auch schon vergessen.

Als sie vor der Kirche ankommen, beginnen die Glocken zu läuten. Flecki und die Pferde werden angebunden. Viele der Damen tragen große Hüte, die sie jetzt wieder zurechtrücken, während die Männer den Staub von ihren Hosen klopfen. Dann treten sie in die Kirche ein, froh, endlich in den Schatten zu kommen. Nur Almut und ihr Vater bleiben noch draußen. Und Hanna.

„Du musst jetzt ganz artig sein und hier draußen auf mich warten", flüstert sie Elia ins Ohr.

Von drinnen ertönt wieder der Hochzeitsmarsch, jetzt von der Orgel gespielt.

„Es ist so weit, mein Kind", sagt Großvater zu Almut und reicht ihr den Arm. Hanna stellt sich mit dem Glockenstab vor ihnen auf, dann öffnet sich weit die Tür. Alle Blicke richten sich erwartungsvoll auf die drei, die jetzt zum Altar schreiten sollen.

Doch nichts passiert. Elia will nämlich nicht von Hannas Seite weichen, so lieb sie auch auf ihn einredet.

„Bitte, Elia, du musst wirklich draußen bleiben. Sonst schimpft Oma und Mama sicher auch. Bitte, bitte!"

Hanna schiebt ihn sogar von sich weg, um ihm die Bedeutung ihrer Worte klarzumachen. Doch Elia versteht nicht oder er will nicht verstehen. Er steht nur da und schaut mit großen Augen in die Kirche.

Und von dort wiederum sind alle Augen auf ihn und auf Hanna gerichtet, während die Orgel wieder und wieder den Hochzeitsmarsch spielt.

Was soll Hanna nur machen?

Wieder ist es Almut, die die Situation rettet.

"Hanna, geh du nur voran", sagt sie. "Caspar wird sich über deinen kleinen Trauzeugen freuen."

Ach, Almut ist lieb, denkt Hanna, sie zögert aber trotzdem noch. Was werden all die Leute denken?

Da gibt ihr Almut einen kleinen Schubs von hinten. So geht Hanna endlich los, gefolgt von Almut am Arm ihres Vaters. Und neben ihnen trippelt der kleine Esel in die Kirche, eng an Hanna geschmiegt.

"Ist der süß", hört Hanna einige Leute sagen, oder: "Schau mal, ein Esel. Wie lieb!"

Aber es gibt auch empörte Stimmen: "Nein, das geht nun wirklich zu weit! So eine Frechheit! Unerhört!"

"Ach, lass sie doch!", flüstert da wieder ein anderer und einer sagt sogar: "Esel sind auch nur Menschen."

Es ist wie ein Spießrutenlauf. Hanna aber sieht nur das lachende Gesicht von Papa und das strahlende von Caspar. Sie stehen nebeneinander vor dem Altar, denn Papa wird Caspars Trauzeuge sein. Und Mama Almuts.

"Das ist jetzt ganz deine Tochter", sagt Mama ziemlich laut zu Papa. Dann muss sie aber doch lächeln.

Denn der kleine Esel fügt sich so gut in das ganze Bild, Almut ist so schön und deshalb wirkt alles doch recht natürlich.

Nur Oma ist entsetzt. Sie lässt sich in ihren Ehrensessel vorne am Altar zurückfallen und schließt fest die Augen.

„Sag, dass das nicht wahr ist", flüstert sie immer wieder.

„Doch, doch", sagt Opa seelenruhig. „So ist es eben heute mit der Jugend."

„Oh, nein! Diese Schande, diese Schande!", jammert Oma und schlägt die Hände vors Gesicht, damit sie nichts sehen muss.

Und das ist gut so. Denn es würde sie bestimmt der Schlag treffen, wenn sie sehen könnte, was jetzt passiert und was niemand, aber auch wirklich niemand hat ahnen können: Gerade in dem Moment, als Almut endlich mit ihrem Caspar vor dem Altar steht und der Pfarrer mit der Trauung beginnen will, kommt Kolk in einem Riesensturzflug durch das offene Portal in die Kirche geschossen und krächzt so laut sein „Kooorp, kooorp!", dass es allen durch Mark und Bein fährt.

Was für ein Schreck! Für alle außer für Papa, der sich jetzt ebenfalls die Hände vors Gesicht hält. Jedoch nicht, weil er nichts sehen will, sondern damit niemand sieht, wie er lachen muss.

Sonst aber lacht niemand. Alle stehen nur mit offe-

nem Mund und starren in die Höhe. Hoch oben unter dem Dach sitzt Kolk auf dem großen Kronleuchter und blickt neugierig herunter.

Es ist mucksmäuschenstill.

Keiner sagt etwas.

Nur das leise, quietschende Geräusch des langsam hin und her schaukelnden Kronleuchters ist zu vernehmen.

Ein Rabe in der Kirche! Bei einer Hochzeit noch dazu. Das hat noch niemand erlebt.

In diese Totenstille hinein sagt plötzlich Franz, der ältere der „Zwillinge", ganz trocken: „Der hat die Ruhe weg, dieser Vogel."

Damit ist der Bann gebrochen. Alle reden durcheinander. Mama schimpft mit Papa und Almut fleht Caspar an, etwas zu unternehmen. Opa versucht Oma wieder zum Leben zu erwecken und Kerlchen hüpft herum und ruft: „Kolk ist in der Kirche! Kolk ist in der Kirche!" Heini möchte Kolk am liebsten gleich erschießen und ruft nach einem Gewehr, doch das gibt es in der Kirche natürlich nicht. Dafür versuchen andere mit „Pschiii" und „Ksss!" und sonstigen komischen Geräuschen, den Vogel von seinem Aussichtspunkt zu vertreiben, während wieder andere mit Taschentüchern oder ihren Jacketts herumfuchteln.

„Pass auf deinen Hut auf, dass er nicht draufkackt", meint ein Mann zu seiner Frau. Und ein anderer sagt: „Dies ist ja das reinste Irrenhaus."

Hanna steht wie versteinert da mit ihrem Glockenstab und traut sich nicht einmal, nach oben zu schauen, aus Angst, dass die Leute Kolk jetzt doch etwas antun werden.

Da bückt sich Papa zu ihr hinunter und flüstert ihr ins Ohr: „Ruf ihn doch mal! Vielleicht kommt er."

Hanna schaut Papa an. Er nickt ihr zu. Ja, das könnte die Rettung sein.

„Kolk!", ruft sie und streckt ihren Arm nach oben.

Auf einmal ist es wieder mäuschenstill in der Kirche.

„Komm her, Kolk! Komm, mein lieber Kolk!"

Der Rabe macht seinen Hals ganz lang und blickt gespannt nach unten.

„Komm, Kolk", ruft Hanna und stößt mit dem Stab auf den Boden, sodass alle Glocken klingen.

„Kooorp", antwortet da leise der Vogel. Er legt den Kopf schief, denn ihn faszinieren die Glocken und dieser lustige Stab in Hannas Hand.

„Hier bin ich, Kolk", sagt Hanna und tritt einen Schritt nach vorne, wobei wieder alle Glocken klingen. Ansonsten ist es so still, wie es nur in einer Kirche sein kann.

„Kooorp", antwortet Kolk wieder ganz leise. Dann schwingt er sich in einem eleganten Bogen nach unten und landet oben auf dem Glockenstab, so als ob dies der einzige wirklich angemessene Platz für einen Raben in der Kirche sei. Er beginnt nicht einmal, seine Federn zu putzen, wie sonst immer, wenn er verlegen ist, sondern schaut sich nur still und zufrieden um. Und auch nicht den kleinsten Gluckser lässt er hören, als wüsste er, wie er sich hier zu benehmen hat.

Was für einen tollen Vogel ich doch habe, denkt Hanna. Papa drückt ihr kurz die Hand und Mama lächelt ihr zu. Da steht sie nun mit ihrem Glockenstab mitten in der Kirche und alle Blicke sind wieder auf sie gerichtet: auf Elia neben ihr und auf Kolk über ihr.

Langsam dreht sie sich um und hebt den Stab ganz vorsichtig, damit Kolk sitzen bleibt, während sie sich anschickt, die beiden Tiere aus der Kirche zu bringen.

Doch da greift auf einmal der Pfarrer ein.

„Wo willst denn hin mit dem Vogel und dem Esel?", fragt er.

„Hinaus", sagt Hanna, „damit Sie anfangen können mit der Hochzeit."

„Bleibt nur hier, ihr drei."

Er legt seinen Arm um Hanna und blickt dann über die ganze Gemeinde.

„Zog nicht einst Jesus auf einem Esel in Jerusalem ein?", fragt er. „Und sind nicht auch die Vögel Geschöpfe Gottes, wie es uns Franz von Assisi gelehrt hat?"

Er nimmt seine Brille ab, putzt sie kurz und setzt sie wieder auf. In der Kirche herrscht immer noch atemlose Stille.

„Wenn nun auf Buchenau Hochzeit gefeiert wird, dann an einem Ort, wo Tiere mehr gelten als anderswo. Deshalb lasset sie uns um uns haben, wenn wir jetzt Gottes Segen für Almut und Caspar erbitten." Er wendet sich dem Brautpaar zu. „Denn gelobt seien die, die Mitgefühl mit aller Kreatur haben und des Menschen Würde an seinem Umgang mit der Natur messen."

Und so geschieht es dann, dass Almut und Caspar neben einem kleinen Esel und einem schwarzen Raben zu Mann und Frau getraut werden, sich küssen und die Glückwünsche der ganzen Gemeinde entgegennehmen. Denn trotz der Anwesenheit von Elia und Kolk gratulieren ihnen alle. Nur einige Damen mit besonders großen Hüten halten vielleicht etwas mehr Abstand zu Hanna und ihrem Glockenstab. Denn dort oben sitzt immer noch dieser Rabe, und er zeigt mächtiges Interesse für jedes Ding, das sie auf ihren Köpfen tragen.

Und auch später, bei der großen Feier auf Buchenau, verabschieden sich einige Gäste wohl etwas früher als geplant. Denn jetzt thront Kolk auf einem Ast in der großen Hainbuche und kommentiert auf seine Weise jede Rede, jede Ankündigung neuer Speisen, jede Lachsalve der Gäste. Manchen ist das wohl doch zu unheimlich.

„So eine verrückte Hochzeit", sagen sie und gehen.

Doch aus genau demselben Grund bleiben die meisten bis tief in die Nacht und feiern diese wunderschöne „Hochzeit mit Tieren" weiter. Vor allem der Sturzflug von Kolk in die Kirche hinein findet jetzt viele Bewunderer. Und natürlich die sanften Augen von Elia.

„Wie meine alte Oma da einfach umgeknickt ist", sagt Opa immer wieder und lacht sich jedes Mal kaputt.

Hanna hat Elia längst in den Stall gebracht und auch Kolk schläft schon in seiner Birke nebenan. Auch Hanna möchte jetzt nur noch schlafen. Völlig erschöpft von all dem Heiraten und Feiern liegt sie in ihrem Bett und überlegt, wie viel an einem einzigen Tag doch passieren kann.

Neben ihr schlafen die kleinen Kinder, auf die sie während des Festes zuletzt aufpassen musste. Wie einen Sack Flöhe hüten war das gewesen. Ein Kind saß im Apfelbaum und kam nicht wieder herunter. Ein anderes schrie, weil es plötzlich zu seiner Mutter wollte, ein drittes, weil es zu seiner auf keinen Fall wollte. Und alle schrien sie wegen der Gänse. Denn vor ihnen hatten sie einen Heidenrespekt. Und vor dem Pfau. Aber der stolzierte nur mit seiner Frau und fünf winzig kleinen Pfauenküken herum und tat niemandem etwas. Da musste man wirklich keine Angst haben.

Jetzt liegt der ganze Flohzirkus neben ihr und schläft. Hanna lauscht auf die unterschiedlichen Geräusche, auf die kleinen Schnarcher und Schnaufer, die die Kinder im Schlaf machen.

Dann dringen wieder laute Stimmen vom Hof durch das offene Fenster. Vor allem Opas fröhliche Bassstimme ist nicht zu überhören. „Wozu soll diese ganze Hochzeiterei denn eigentlich gut sein?", ruft er.

Dann folgt ein großes Durcheinander. Hanna hört

Opa ganz jämmerlich „Aua, aua, aua" klagen. Vermutlich hat Oma ihm eins übergebraten, denn jetzt lachen alle. Und Papa singt: „… wegen der Kinder, der Kinder, der Kinder." Und Caspar ruft nach seiner Almut.

10. Kapitel
Elia läuft weg

Als der Sommer sich seinem Ende zuneigt, reifen im Obstgarten die ersten Pflaumen und Äpfel und bald hängen die Bäume voller Früchte. Opa und Oma pflücken jeden Tag Kisten voll Obst und tragen sie in den Keller.

„Volle Regale sind der schönste Anblick, den ich kenne", sagt Oma immer wieder.

„Und was ist mit mir?", fragt Opa. „Ich dachte, ich wäre der schönste Anblick, den du kennst …"

„Ach, du Knallkopf", schimpft Oma. „Statt dummes Zeug zu reden, hilf mir lieber mit den Kisten."

„Und so was nennt sich Liebe!" Opa stöhnt und macht dann doch, was Oma ihm befiehlt.

Auch Hanna und Kerlchen pflücken einige Kisten voll mit Obst. Aber nicht, um sie in den Keller zu tragen. Sie wollen mit Elia auf den Markt.

Das war Hannas Idee. Sie findet nämlich, dass Elia inzwischen so groß ist, dass er ruhig auch mal etwas arbeiten kann. Deswegen hat sie einen alten Handkarren, den Papa in der Scheune fand, so umgebaut, dass Elia ihn ziehen kann.

An der langen Deichsel vorne hat sie einen runden Lederriemen befestigt, den sie Elia um die Brust schnürt. Und tatsächlich, wenn sie vorausgeht, läuft Elia ihr wie immer hinterher und zieht den Wagen. Es ist, als ob er gar nicht merken würde, was er da hinter sich herschleppt, so leicht geht das.

Ob Elia den Wagen aber auch ziehen wird, wenn der voller Obstkisten ist, das muss sich erst noch zeigen.

An jenem ersten Samstag im Monat ist in Talham unten Bauernmarkt. Dann kommen die Leute von weit her, um all das, was die Bauern anbieten, zu kaufen. Sogar aus der Stadt kommen sie, denn so frisches Gemüse und Obst erhält man sonst nirgendwo. Und ungespritzt ist es auch.

Hanna und Kerlchen haben Äpfel, Zwetschgen und Birnen gepflückt, je eine Kiste voll. Sylvia hat ihnen dabei geholfen, denn bei ihr zu Hause im Garten wachsen nicht so viele Obstbäume, dass sie einen eigenen Stand auf dem Markt aufstellen könnte.

Sylvia hat erzählt, dass auch Hans und Role und die „Zwillinge" je einen Stand auf dem Markt machen wollen. Als Hanna das hörte, wurde sie noch eifriger als zuvor. Denn schließlich möchte ja jeder das schönste Obst haben und es am besten verkaufen.

Am Samstagmorgen geht es schon sehr früh los.

„Wach auf, du Schlafmütze", ruft Hanna Kerlchen zu und zieht ihm die Decke weg.

Es ist ein schöner Morgen. Unten im Tal liegen dünne Nebelschleier und kündigen den Herbst an. Einige Blätter des wilden Weins vor dem Fenster im Kinderzimmer sind schon gelb und leuchten golden in den frühen Sonnenstrahlen.

„Hanna, du bist gemein", stöhnt Kerlchen. „Ich bin noch müde."

Er steht aber trotzdem schnell auf, denn Markttag ist Markttag, und das kommt nicht alle Tage wieder. Hanna und Kerlchen werden zum ersten Mal einen eigenen Stand haben. Wenn nur Elia mitmacht und den Wagen zieht.

Elia macht mit. Während Papa noch hilft, die Obstkisten von Oma und Opa auf den Traktor zu laden, laufen Hanna, Sylvia und Kerlchen schon los.

Elia zieht den schwer beladenen Wagen den Hang hinauf, als wäre in den Obstkisten nur Luft. Was für ein Esel! Die Kinder rennen und juchzen. Auf der Allee, wo es abschüssig wird, müssen sie den Wagen dann bremsen, damit er Elia nicht in die Beine fährt.

Kolk fliegt wie immer voraus und Elia trippelt so fröhlich und munter, wie nur ein kleiner Esel trippeln kann. Ab und zu hüpfen mal ein Apfel oder eine Birne aus dem Wagen, aber die Kinder sammeln alles schnell wieder auf, und so kommen sie gut voran.

Auf dem Marktplatz vor der Kirche herrscht schon reger Betrieb. Noch sind keine Käufer da, aber die Bauern stellen jetzt ihre Stände auf. Die meisten haben nur einen kleinen Tisch mitgebracht oder sie breiten ihre Waren direkt auf dem Wagen aus. Einige aber haben auch richtige Markttische mit einem Zeltdach und allem.

Überall türmen sich Obst und Gemüse, Kartoffeln, Kohlköpfe, Rote Bete. Manche Bauern bieten auch Eier an, weiße, braune und sogar grüne, die von einer bestimmten Rasse, den Araukanerhühnern, gelegt werden. Es gibt frisch gepressten Apfelsaft, selbst gebackenes Brot und luftgetrockneten Schinken. Fast jeder hat ein paar Gläser Marmelade dabei, einige auch eingelegten Knoblauch oder selbst gemachten Käse. Viele Krüge mit Blumen stehen da und auch Töpfe voller Stauden. Kränze aus Strohblumen, Zöpfe aus Zwiebeln und Bündel von Lauch hängen über den Tischen und über allem liegt ein Duft von Kräutern und Gewürzen.

Die Kinder halten mit ihrem Wagen ganz am Rande

des kleinen Marktes an, neben den Kisten von den „Zwillingen", die ihren Stand schon aufgebaut haben. Und gerade eben kommen Hans und Role an. Auch sie haben Kisten voller Obst dabei.

„Wer zuerst kommt, mahlt zuerst", sagt Franz.

Und Josef fügt hinzu: „Morgenstund hat eben Gold im Mund."

„Quatsch", meint Hanna und hebt die erste Kiste vom Wagen.

Und Sylvia fragt spöttisch: „Wie viel habt ihr denn schon verkauft?"

„Keinen einzigen Apfel", bemerkt Kerlchen trocken und zerrt ebenfalls an einer Kiste, die für ihn allein aber noch zu schwer ist.

„Wenn die Kunden kommen, werden die schon wissen, wo sie kaufen", behauptet Franz und schaut verächtlich auf die Buchenauer Kisten. „Qualitätsobst ist eben Qualitätsobst und nicht irgend so ein vergammeltes Ökozeug."

Dabei sehen die Äpfel und Birnen von Franz und Josef nicht anders aus als das Obst von Buchenau oder das von Hans und Role, die ihre Kisten auf der anderen Seite vom Stand der „Zwillinge" aufgestellt haben.

Während die Kinder nun ihren Stand aufbauen, steht Elia brav neben dem Wagen und frisst einen Apfel, den ihm Hanna gegeben hat.

Als die ersten Kunden auf dem Markt erscheinen, steht Elia immer noch in seinem Geschirr. Hanna denkt sich nämlich, dass die Marktbesucher vielleicht gerade wegen Elia zu ihrem Stand kommen werden.

Und sie hat Recht. Bald sind sie von einer Traube von Menschen umringt, die alle den kleinen Esel streicheln wollen. Dem gefällt das sogar ziemlich gut. Er lehnt sich richtig gegen die Leute und lässt sich vor allem hinter den Ohren streicheln. Nur wenn ihm jemand unter den Bauch fasst, macht er sich ganz steif. Nein, das mag er nicht.

Den „Zwillingen" gefällt es natürlich überhaupt nicht, dass Elia ihnen die Kunden wegschnappt. Nachdem die Leute den Esel ausgiebig gestreichelt haben, kaufen sie nämlich nur von dem Stand der Buchenauer. Tüte um Tüte geht weg: Ja, ein alter Herr, der sich besonders über Elia freut, kauft den Kindern sogar eine ganze Obstkiste ab.

„Mist", meint Hanna und zählt das Geld, das sie bisher eingenommen haben. „Wir hätten viel mehr Obst mitnehmen sollen."

„Es ist ja nur wegen Elia", meint Franz etwas kleinlaut. Er und sein Bruder haben noch fast gar nichts verkauft. Und Hans und Role genauso wenig. Vielleicht wird es ja besser, wenn die Buchenauer nichts mehr an ihrem Stand haben.

Und ganz unerwartet erhalten die Jungen sogar Unterstützung.

Auf einmal sitzt nämlich der Rabe auf dem Rücken von Elia und putzt sich wie immer, wenn er so tut, als ob nichts wäre.

„Dieser Mistvogel", zischt Franz.

„Immer muss er dabei sein", ergänzt Josef.

Aber sie merken schnell, dass Kolk und Elia ihnen helfen, ihr Obst zu verkaufen. Denn natürlich strömen nun noch mehr Leute zum Stand der Kinder. Einen Esel und einen Kolkraben, das haben sie noch nie zusammen gesehen.

„Dieser schwarze Vogel", fragt eine Frau, „ist der gefährlich?"

„Der Esel und der Rabe, sind das Freunde?", fragt ein Mann.

„Wir sind die Sechserbande", sagt Kerlchen ganz stolz.

„Wieso Sechserbande?", fragt Hanna.

„Na, ich und Kolk und Elia und du", antwortet Kerlchen und lacht ganz fröhlich.

„Das sind doch nur vier", verbessert ihn Hanna. Und Sylvia fügt beleidigt hinzu: „Mich hast du wohl ganz vergessen, was?"

„Und mich auch", ruft Josef und stellt sich neben Elia und Kolk.

„Wir alle sind Freunde", sagen auch Hans und Role.

„Ja, das sind wir", fügt Franz hinzu und darüber freut sich Hanna besonders.

„Dann seid ihr wohl die berühmte Neunerbande?", sagt ein Mann, der gut zählen kann, und kauft ebenfalls eine ganze Kiste mit Birnen.

So kommt es, dass auch die Jungen bald ihr Obst verkauft haben. Keiner auf dem Markt hat so schnell seine Waren los wie die Kinder. Ja, einige Erwachsene haben mit dem Verkauf noch nicht mal richtig begonnen, da sind die Kinder schon ausverkauft. Was Tiere doch alles bewirken können!

Glücklich, aber auch etwas enttäuscht, dass alles so schnell vorbei ist, stehen die neun Helden da und wissen nicht, was sie jetzt unternehmen sollen. Kolk hüpft auf Elia herum und wartet, dass etwas passiert. Und Elia steht da und schaut ins Nichts.

Plötzlich hat Hanna eine Idee: „Oma und Opa haben bestimmt noch nicht alles verkauft. Lasst uns von denen noch was holen."

Das finden die anderen auch gut und so ziehen sie mit Elia und seinem Karren los, um den Stand von Hannas und Kerlchens Großeltern zu suchen. Der steht mitten auf dem Markt, wo sich jetzt viele Besucher zwischen den Ständen drängeln. Es gibt so viele Leute, dass die Kinder mit ihrem Eselskarren nur ganz langsam vorwärts kommen.

Nur Kolk hoch oben in der Luft kann sich frei bewegen. Vor lauter Übermut vollführt er richtige kleine Kunstflüge. Er dreht sich um sich selber, fliegt mal kurz auf dem Rücken, dann wieder in immer engeren Kreisen. Und zuletzt stürzt er sich nach unten und fängt sich gerade erst über den Köpfen der Leute, dass es nur so rauscht.

Eine Frau erschrickt und ruft: „Ein Geier, ein Geier!"

Nun schauen alle nach oben und sehen dieses schwarze Ungeheuer erneut auf sich zustürzen. Da bricht Panik aus. Die Leute schubsen und drängen und alle schreien durcheinander. „Hilfe, der greift uns an! Kann denn niemand diesen Vogel vertreiben? Was ist das bloß für ein Bauernmarkt!"

Hanna muss aufpassen, dass niemand sie umrennt. Sie wedelt mit den Armen, damit Kolk sie sehen kann, und ruft verzweifelt: „Kooolk, Kooolk!"

In all dem Gedränge hat sie Elia aus den Augen verloren. Dem ist das Ganze überhaupt nicht geheuer, er bekommt richtig Angst. Nicht vor Kolk natürlich, sondern vor den vielen Menschen, die sich um ihn drängeln. Er sieht nur noch fremde Beine und Leiber um sich herum und macht einen Satz, um sich zu befreien. Leute fallen hin, andere springen zur Seite, und Elia landet samt Karren mitten auf dem nächsten Obststand. Äpfel und Birnen kullern herum, dann bricht der ganze Tisch samt Kisten und Kasten mit großem Krach zusammen.

„Du blödes Vieh!", ruft die Bäuerin. „Warte nur, dir werd ich's zeigen!", schreit der Bauer.

Aber Elia hält jetzt niemand mehr. Er zwängt sich aus seinem Halfter, rast unter einem weiteren Stand hindurch, dass auch dort Einweckgläser und Blumenvasen durch die Luft wirbeln, und verschwindet hinter dem letzten Marktstand.

„Elia, warte!", ruft Hanna, die ihn gerade noch davonrennen sieht.

Doch Elia hört sie nicht mehr. Er rennt, so schnell er kann, über die Wiese hinter der Kirche den Berg hinauf. Nur weg von all diesen Menschen, die auf einmal so verrückt geworden sind. Er hört nicht Hannas Rufen und er sieht auch Kolk nicht, der ihm hoch oben in der Luft folgt. Nur eines hat er im Sinn: nichts wie weg!

Erst weiter oben am Bach, im dichten Gestrüpp versteckt, bleibt Elia stehen. Sein Puls rast und er zittert an allen Gliedern. Vorsichtig schaut er sich um: So allein war er noch nie und deshalb weiß er auch nicht, was er jetzt machen soll. Nur eines weiß er: Zurück will er nicht.

So läuft er weiter den Bach entlang, springt über hohe Wurzeln und zwängt sich durch das Unterholz hindurch. Da ist alles dicht und eng. Aber wenigstens fühlt er sich hier sicher.

Er bleibt wieder stehen, um sich auszuruhen. Langsam erholt er sich von dem Schreck. Vor ihm scheint das Wäldchen zu Ende zu sein, denn es wird heller zwischen all den Ästen. Vielleicht kann er von dort Ausschau halten, um zu sehen, wo er überhaupt ist.

Als Elia sich endlich aus dem wilden Gestrüpp befreien kann und auf eine Wiese tritt, liegt ein Bauernhof vor ihm. Natürlich weiß er nicht, dass Heini dort wohnt, der Jäger und Kolks großer Feind.

Für Elia haben ein Haus, ein Stall, eine Scheune nichts Bedrohliches. Ganz im Gegenteil. Zu Hause leben in solchen Gebäuden seine Eltern und seine Menschen, denen er vertraut. Also läuft er weiter und steht auf einmal vor einer offenen Stalltür. Es riecht nach Kühen und Kälbern. Es sind auch die leisen Geräusche kauender Tiere zu hören. Ansonsten aber ist alles still.

Vorsichtig steckt Elia seinen Kopf durch die Tür. Außer einer Melkanlage ist aber nichts zu sehen, nur eine weitere Tür, die ebenfalls offen steht. Merkwürdig, wie ruhig es hier ist. Nur das leise Kauen von Kühen ist zu hören. Ansonsten aber fehlt das ganze Gegackere und Geschrei, an das er von zu Hause gewöhnt ist. Es fehlen die vielen Hühner und Gänse, die Enten, die Schafe, die Ziegen und all die anderen Tiere, die auf Buchenau überall herumspringen. Nicht einmal ein Pfau schreit. Hier ist alles so still, ja fast unheimlich.

Trotzdem schlüpft Elia durch die erste Tür und schleicht sich an die zweite. Dort umschweben ihn süße Gerüche nach Milch und Mist. Elia bleibt stehen. So etwas hat er noch nie gerochen. Soll er wieder umkehren? Aber so ein kleiner Esel ist nicht nur ängstlich, sondern auch neugierig. Also schleicht er sich vorsichtig näher und schaut durch die Tür.

Was er da sieht, hat er noch nie gesehen. In zwei langen Reihen liegen viele große und dicke, braune Kühe auf dem Boden und kauen. In der Mitte hinter den Kühen zieht sich ein langer Gang entlang. Um den Hals hat jede Kuh eine Kette und vor ihr liegt in einem Trog ein großer Haufen frisch geschnittenes Gras. Es ist alles hell und sauber und doch macht es Elia Angst. Denn kein Tier nimmt ihn wahr, keines begrüßt ihn oder freut sich, ihn zu sehen. Alle scheinen mit ihrem Kauen voll und ganz beschäftigt zu sein.

Elia geht vorsichtig zwischen den Kühen entlang. Einige schauen ihn kurz an und kauen dann weiter. Kein Schnaufen, kein Muhen, kein gar nichts. Seltsame Kühe sind das!

Am Ende des Gangs ist wieder eine offene Tür. Auch von dort strömt Elia der süße Geruch von Mist und Milch entgegen. Und es sind leise klirrende Geräusche zu hören, so als ob Metallstangen leicht gegeneinander schlagen würden. Da muss Elia natürlich auch hineinschauen. Es ist hier wirklich alles so ganz anders als zu Hause. Da ist der Stall tagsüber fast immer leer. Nur nachts kommen dort alle Tiere wieder zusammen. Hier aber ist der Stall auch am Tag voll. Seltsam ist das, wirklich seltsam ...

Elia tritt durch die offene Tür, und was er jetzt sieht, das überrascht ihn noch mehr. Der ganze Raum ist voller Kälber. Kleine Kälber, große Kälber, viele, viele Kälber. Nach Größe sortiert stehen sie in verschiedenen Boxen aus Metallstäben dicht beieinander. Es sind kleine Boxen und in jeder sind viele Tiere. Als sie Elia kommen sehen, heben sie ihre Köpfe und starren ihn an. So als ob sie noch nie einen Esel gesehen hätten. Keiner macht auch nur einen Mucks. Sie stehen alle nur da, ganz dicht gedrängt, und sehen ihn an, den Esel, der nichts versteht. Er bekommt richtig Angst vor so vielen Blicken. Kein Tier nähert sich, um ihn zu beschnuppern.

Bald erkennt Elia, dass sie gar nicht näher kommen können. Denn die Boxen sind alle zugesperrt. Die Kälber müssen in ihren Boxen bleiben. Mitten am Tag. Warum dürfen sie denn nicht hinaus?

Elia geht einen Schritt näher, um zu sehen, ob es nicht doch irgendwo eine Öffnung gibt, sodass sie sich alle begrüßen können. Aber da ist kein offenes Tor zu erkennen. Außerdem scheinen die Kälber keine Lust auf eine Begrüßung zu haben. Sie stehen alle nur da und starren ihn an, als ob er etwas ganz Komisches wäre.

Trotzdem geht Elia noch ein paar Schritte näher. Er hat keine Angst mehr, denn die Kälber sehen alle sehr lieb aus. Ja, sie wirken fast ein wenig traurig. Sie folgen ihm mit ihren Blicken und weichen sogar zurück, als er an das Metallgitter tritt.

Merkwürdig, alle sehen so lieb aus und trotzdem will ihn keiner begrüßen. Selber traut er sich auch nicht, „Ih-a" zu sagen, wie es sich eigentlich für einen Esel gehört, und auch kein einziges Kalb sagt das leiseste „Muuh". Aber jetzt kommen sie wenigstens langsam wieder näher.

Elia stellt seine Vorderhufe auf die unterste Stange am Gitter, um etwas besser sehen zu können, denn im Vergleich zu den meisten Kälbern ist er ja ganz klein. Nur die vorne in der ersten Box sind nicht viel größer als er.

Elia klettert mit den Vorderhufen noch eine Metallstange höher, um die Kälber begrüßen zu können. Da gibt das Gitter plötzlich nach. Es ist wie eine Tür, die auf dem Boden befestigt ist. Sie klappt einfach auf und Elia fällt in die Box hinein.

So, da steht er jetzt, inmitten der vielen Kälber auf der Innenseite der Box. Denn als er hineingefallen war, schwenkte das Tor sofort wieder zurück. Ein komischer Zaun ist das. Auf Buchenau jedenfalls hat er so etwas noch nie gesehen. Und so viele scheue Kälber auch nicht. Keines springt herum, keines schubst ihn sanft mit der Schnauze oder knabbert an seinen Ohren. Sie versuchen nur ganz vorsichtig, sein Fell zu beriechen.

Jetzt hat Elia überhaupt keine Angst mehr. Er geht von Kalb zu Kalb und beschnüffelt es. Und dann kann er doch nicht umhin, leise sein „Iiih-aa" zu sagen.

Sofort ziehen sich die Kälber wieder zurück und starren ihn an. Hat er etwas falsch gemacht? Sonst freuen sich alle Tiere und Menschen, wenn er „Iiih-aa" sagt. Aber diese Kälber scheinen ihn nicht zu verstehen.

Trotzdem möchte er nun auch die Kälber in den anderen Boxen begrüßen. Deshalb stemmt er sich wieder gegen die Gitterstangen, damit sie aufschwingen. Doch dieses Mal geben die Stangen nicht nach. So kräftig Elia sich auch dagegenstemmt. Sie bewegen sich überhaupt nicht. Er versucht es an allen vier Seiten der Box, aber da ist nichts zu machen. Elia ist in der Kälberbox eingesperrt! Immer wieder stemmt er sich gegen das Gitter, doch die Stangen geben nicht nach. Es ist zum Verzweifeln! Wenn ein Esel weinen könnte, Elia würde es jetzt bestimmt tun.

In der Zwischenzeit haben Hanna, Sylvia und die Jungen alle Felder und Wälder rings um Talham abgesucht. Aber nirgendwo ist Elia zu finden. Auch zu Hause ist er nicht angekommen, Hanna hat schon mehrmals nachgefragt. Sogar Mama und Papa helfen ihr jetzt bei der Suche, aber ohne Erfolg. Und auch Kolk ist verschwunden, nirgends zu sehen oder zu hören.

Hoffentlich, denkt Hanna, sind die beiden wenigstens zusammen.

Tatsächlich sitzt Kolk auf einem Ast am Waldrand und wartet, dass Elia wieder aus dem Stall kommt. Er wartet und wartet, aber wer nicht kommt, ist Elia.

Kolk weiß ja nicht, dass sein Freund ganz verzweifelt inmitten der vielen Kälber steht und keine Ahnung hat, wie er sich befreien soll.

Allmählich beginnt der Rabe unruhig auf seinem Ast hin und her zu hüpfen. Wie lange will dieser Esel denn noch da im Stall bleiben? Vorsichtig lugt er in alle Richtungen. Es ist niemand zu sehen.

Kolk schwingt sich in die Luft und gleitet hinüber zum Stall. Er landet auf dem Fensterbrett unterhalb des Giebels. Doch das Glas des Fensters ist ganz trüb. Da kann man nicht hindurchschauen. Mit einem weiteren Sprung landet Kolk vor dem Eingang zum Stall. Schnell hüpft er durch die Milchkammer, dann durch den ganzen Kuhstall. So schnell geht alles, dass die Kühe in ihrer Gefräßigkeit ihn gar nicht bemerken. Sie sehen nur einen schwarzen Schatten an sich vorbeihuschen.

Kolk erkennt gleich, dass Elia nicht im Kuhstall ist. Also weiter zur nächsten Tür, die zum Kälberstall führt. Auch hier bemerkt ihn zuerst niemand. Er aber sieht sofort seinen Freund, wie er mit hängendem Kopf dasteht, ganz traurig inmitten der kleinen Kälber, die auch nicht gerade fröhlich blicken.

„Kooorp", sagt er leise und hüpft zum Gitter.

Elia reißt seinen Kopf hoch und schreit: „Iiiiiih-aaaaa, iiiiih-aaaaa!" Ach, wie er sich freut, ganz eselisch freut, seinen Freund zu sehen. Er macht einen riesigen Hüpfer und springt Kolk entgegen, der auf die oberste Stange des Gitters geflogen ist. Und da schnäbeln die beiden Freunde, so gut sie es mit Schnauze und Schnabel nur können. Dann springt Kolk auf Elias Rücken, der vor Freude lauter Hüpfer macht und seinen Kopf hin und her wirft.

Noch während sie sich begrüßen, hat Kolk schon erkannt, dass Elia samt den Kälbern eingesperrt ist. Und wenn einer das Eingesperrtsein nicht ausstehen kann, dann ist es Kolk. Weder für sich selber noch für andere, und natürlich erst recht nicht für seinen Freund Elia. Deshalb hüpft er nun wieder zurück auf die Stange und beginnt den Mechanismus zu untersuchen, der das Tor auf und zu macht. Elia schaut ihm dabei sehr aufmerksam zu, denn natürlich hofft er, dass Kolk ihn befreien wird. Er hat genug von seinem Abenteuer und möchte so gerne zurück nach Hause.

Zuerst versucht Kolk, mit seinem Schnabel die oberste Stange zu bewegen. Ohne Erfolg. Nichts rührt sich. Auch dann nicht, als Kolk an verschiedenen Schrauben zieht, die auf der obersten Stange des Gitters angebracht sind. Die Schrauben sitzen fest und haben mit dem Öffnen des Tores nichts zu tun. Was aber ist mit diesem runden Hebel an der untersten Stange? Kolk zieht und zerrt daran, doch auch dieser Hebel lässt sich nicht bewegen. Davor ist aber noch ein kleinerer Hebel. Wenn er diesen mal hochheben würde ...

Kolk erschrickt, denn plötzlich hört er Stimmen im Kuhstall nebenan. Blecheimer werden über den Betonboden geschoben, ein Mann schimpft mit den Kühen, eine Frau schimpft mit dem Mann, ein Motor startet. Bestimmt werden diese Menschen bald auch in den Kälberstall kommen. Also nichts wie weiterprobieren! Kolk hebt den kleinen Hebel, aber wieder passiert nichts. Und der große ist wie festgeschraubt, er lässt sich nicht bewegen.

Wieder drückt Kolk den kleinen Hebel mit seinem Schnabel nach hinten und lässt ihn diesmal dort liegen. Und siehe da, jetzt lässt sich der große Hebel ganz leicht verschieben. Kolk zieht und zieht und der Hebel rutscht immer weiter aus der Öse am nächsten Gitter heraus. Doch auch als der Hebel ganz frei ist, bewegt sich fast nichts. Immerhin schaukelt jetzt das ganze Gitter ein wenig.

Elia müsste sich gegen das Gitter stemmen. Dann könnte er vielleicht freikommen. Aber der kleine Esel steht nur da und schaut Kolk mit großen Augen an.

Also weitersuchen. Irgendwo muss es doch einen Mechanismus geben, der die Gittertür öffnet. Kolk springt wieder auf die oberste Stange, um dort noch einmal an den Schrauben zu ziehen. Etwas anderes fällt ihm nicht mehr ein.

Kaum landet er mit seinem Gewicht auf der obersten Stange, da fällt das ganze Gitter und auch das von der Nachbarbox mit einem Riesenkrach zusammen. Es scheppert und klirrt und zugleich hört man das plötzliche Muhen der Kälber, das Brüllen des Mannes im Stall nebenan und den Schreckensruf der Frau. Kolk weiß, dass jetzt alles sehr schnell gehen muss. Er hüpft zur hinteren Tür, die nach draußen führt, und zeigt Elia dadurch, welchen Fluchtweg er nehmen soll.

Doch Elia braucht sich für keinen Weg zu entscheiden. Die Kälber aus beiden Boxen, die zuvor alle so träge waren, stürmen jetzt zur Tür und ins Freie hinaus, und mit ihnen gelangt auch Elia sehr schnell in die Freiheit.

Um sich herum hört er das Gebrüll der Kälber, die in alle Richtungen davonlaufen. Und hinter sich hört er den Bauer, es ist Heini, wie verrückt schimpfen und seine Frau schreien. Oh, ist das ein Durcheinander!

Die vielen Kälber haben noch nie die Welt außerhalb von ihrem Stall, noch nie Bäume und Felder gesehen. Sie machen wilde Bocksprünge, rennen, fallen hin, stolpern und überschlagen sich vor Freude über diese Freiheit, die sie auf einmal genießen dürfen. Sie werfen die Köpfe hin und her, strecken den Schwanz in die Höhe und laufen weg von Bauer Heini und seinem blöden Stall.

Und Elia? Der rennt, so schnell er kann, den Berg hinauf. Kolk überholt ihn und fliegt ihm voran bis nach Buchenau.

Hanna sieht die beiden als Erste und sie freut sich sehr. Doch als sie auch die vielen Kälber sieht, die überall herumrennen, ahnt sie, dass etwas Schlimmes passiert ist. Und als sie dann Papas Blick sieht, weiß sie es genau.

Am Abend ruft Heini Papa an. Er ist gar nicht so wütend, wie alle erwartet haben. Er sagt nur, dass Papa für den Schaden aufkommen müsse, denn schließlich gehöre ihm ja der Vogel. Ein Teufelsvogel sei das. Aber wenn Papa alle Kälber einfangen und wieder zurückbringen würde, dann würde er, Heini, nicht die Polizei rufen. Ansonsten müsse er jedoch Anzeige erstatten.

Wegen Freiheitsbeschenkung, denkt Hanna, sagt aber nichts.

„Der Versicherung wegen", sagt Heini, „und wegen dem Schadensersatz."

Papa hört sich das alles ganz ruhig an. Dann erzählt er Heini, dass er schon fünf Kälber eingefangen hat. Außerdem werde er Heini noch heute Abend helfen, auch die anderen Kälber zu finden.

Über Kolk sagt er am Telefon nichts. Erst als er sich nach dem Gespräch die Stiefel anzieht, ruft er Hanna zu sich und sagt, sie solle Kolk ab heute einsperren. Ansonsten könne er für nichts mehr garantieren.

11. Kapitel
Eine Falle für Kolk

Wie sperrt man einen Kolkraben ein, der es hasst, eingesperrt zu werden? Am nächsten Tag versucht es Hanna mit vielen Tricks. Doch ohne Erfolg.

Sie lässt sogar in der Küche das Fenster offen, als Oma gerade Kuchen und Plätzchen backt. Kolk liebt nämlich frisch gebackenen Kuchen. Er kommt auch angehüpft, wartet aber auf dem Fensterbrett so lange, bis Hanna einen Augenblick lang unaufmerksam ist. Dann springt er schnell in die Küche, schnappt sich zwei Plätzchen und ist schon lange wieder draußen, bevor Hanna das Fenster mit Hilfe eines Bindfadens zugezogen hat.

„Dieser abscheuliche Vogel", schimpft Oma.

„Da hast du Recht, Oma", pflichtet Hanna ihr bei.

Im Geheimen aber freut sie sich über ihren schlauen Vogel, der die Freiheit über alles liebt. Nur, fangen muss sie ihn trotzdem, denn sonst passiert was. Papa hat einen großen Käfig am Stall gebaut, in dem Kolk von nun an leben soll.

Im Dorf wissen natürlich alle bald von Kolks neuester Schandtat. Seinen Sturzflug auf dem Bauernmarkt können sie ihm ja noch verzeihen. Was aber die Sache mit den wild gewordenen Kälbern angeht, sind die Meinungen geteilt. Die meisten finden, dass Kolk auf keinen Fall mehr frei fliegen darf. Einige sind sogar der Meinung, der Vogel gehöre abgeschossen. Nur ganz wenige finden es gut, dass er die Kälber befreit hat.

„Auch Tiere haben ein Recht, spielen zu dürfen", sagt zum Beispiel die Haushälterin des Pfarrers. Da wissen alle im Dorf, welche Meinung der Pfarrer in dieser Angelegenheit hat.

Trotzdem, die meisten sind gegen Kolk und wollen, dass er eingesperrt wird. Damit der Unfug endlich aufhört.

Dabei hat Heini seine Tiere längst alle wieder eingefangen und zurück in den Stall gebracht.

„Sie spinnen aber immer noch", sagt Franz am Montag in der Schule.

„Ja, sie sind ganz verrückt geworden", fügt Josef hinzu.

„Was machen sie denn?", fragt Hanna neugierig.

„Sie muhen den ganzen Tag", sagt Franz und schaut sehr besorgt.

„Und sie versuchen immer auszubrechen", meint Josef ebenso ernst.

„Das würde ich auch", sagt Hanna. „Wenn ich das ganze Leben lang im Stall eingesperrt wäre, würde ich jeden Tag versuchen auszubrechen. Erst recht, wenn ich einmal gesehen hätte, wie schön es draußen ist."

Was die „Zwillinge" darauf murmeln, überhört Hanna. Es hat sich so ähnlich angehört wie: „Ökotante, depperte!"

Für Hanna ist nur wichtig, dass die beiden überhaupt mit ihr reden. Denn nach dem Ausbruch der Kälber hätte es ja sein können, dass sie wieder die „Stummen" spielen, zumal ihr Vater so wütend auf die Buchenauer ist. Vor allem ist er natürlich auf Kolk wütend, aber sicher auch auf Hanna und ihren Vater, weil sie die Besitzer von Kolk sind.

Die „Zwillinge" jedoch sind überraschend freundlich zu Hanna. Vor allem Franz kommt während der nächsten Tage immer wieder auf dem Schulhof zu ihr und fragt, ob sie Kolk schon eingefangen hat. Er bietet ihr sogar seine Hilfe an.

„Bist du irgendwie krank?", fragt Hanna skeptisch.

„Nein, wieso?"

„Du willst mir helfen, Kolk zu fangen?" Hanna kann es einfach nicht glauben.

„Ja", sagt Franz, „warum denn nicht?"

So kommt es, dass eines Tages nach der Schule Franz und Josef auf Buchenau erscheinen, um mit Hanna zusammen Kolk zu überlisten. Sie haben auch Hans und Role mitgebracht und Sylvia ist sowieso schon da. Nun ist die „Neunerbande" wieder zusammen, denn auch Kerlchen will natürlich mit dabei sein.

„Oh nein, auch das noch", stöhnt Hanna. Sie weiß aber genau, dass jede Widerrede sinnlos ist. Kerlchen kommt so oder so mit. Kleine Brüder sind eben eine Pest.

Und ältere Jungen sind manchmal seltsam. Hanna kommt dieser plötzliche Wandel bei Franz komisch vor. Einerseits freut sie sich natürlich, dass er so nett zu ihr ist. Andererseits ahnt sie, dass da etwas dahinter steckt. Sie überlegt und überlegt, kommt aber nicht drauf, was es sein könnte. Vielleicht will er ihr ja wirklich nur helfen oder ihr zeigen, wie geschickt er mit Tieren umgehen kann.

Bei Kolk muss man allerdings nicht nur geschickt, sondern auch besonders schlau sein, schlauer jedenfalls als Kolk selbst, wenn man ihn fangen will. Das hat Hanna in den letzten Tagen häufig genug erlebt. Was immer sie versucht hat, Kolk war schlauer. Nur eine letzte Idee hat sie noch nicht ausprobiert – den Trick mit dem Fuchsbau. Kolk ist ja nicht nur verfressen, sondern auch sehr neugierig. Und das gilt es auszunutzen. Hanna weiht die anderen in ihren Plan ein,

Kolk in eine Höhle oben im Fuchssand hinter Buchenau zu locken.

„Mann, hast du Ideen!", sagt Franz und schaut Hanna bewundernd an.

„Echt toll", findet auch Josef. „Obwohl sie nur ein Mädchen ist."

Sylvia und Hanna schauen sich an und schütteln nur den Kopf über solchen Blödsinn.

„Wenn mein Plan nicht klappt", sagt Hanna, „dann weiß ich wirklich nicht mehr, wie wir Kolk noch kriegen können."

„Na, dann los!", sagen Hans und Role fast gleichzeitig. Sie reden beide nicht besonders viel und sind immer froh, wenn etwas geschieht.

Zuerst gehen sie alle hinunter zum Stall. Elia kommt ihnen sofort entgegengerannt, natürlich mit Kolk im Schlepptau.

„Iiiih-aaa", ruft der eine.

„Kooorrrp", schreit der andere.

Zusammen laufen sie den Hang hinunter zum Teich. Elia macht richtige kleine Bocksprünge vor Freude und rennt allen voran mit dem Kopf ganz tief über dem Boden. Er ist lange nicht mehr so klein und kuschelig, wie er als neugeborenes Fohlen war. Dafür sind seine Beine jetzt lang geworden, sodass sie noch dünner und zerbrechlicher wirken als früher und sein Trippeltrab noch schneller erscheint. Dabei rennt er auch nicht geradeaus, sondern etwas schräg, was besonders komisch wirkt. Die Kinder jedenfalls müssen richtig loslachen über den jungen Esel, der ihnen so fröhlich voranstürmt.

Und über ihnen vollführt Kolk aus lauter Übermut kühne Flugkunststücke. Wenn der nur wüsste, was die Kinder mit ihm vorhaben!

Unten am Bach machen sie das Tor im Zaun auf, damit auch Elia mitkommen kann. Denn über Zäune klettern kann er nicht. Nun geht es im Wald den Hang hinauf bis zum Fuchssand. Sie müssen alle ganz schön schnaufen, so schnell rennen sie. Zuletzt krabbeln sie das Steilstück auf allen vieren hinauf, halten sich an Wurzeln fest, klettern über umgefallene Baumstämme, rutschen im feuchten Moos ab und versinken im losen Sand.

Besonders schwer hat es Kerlchen, der nicht so groß ist wie die anderen. Aber er hält tapfer mit. Und auch Elia schafft es, obwohl er mit seinen schmalen Hufen immer wieder ausrutscht. Dafür hat er aber auch vier Beine. Manchmal allerdings muss Hanna oder einer der Jungen ein wenig von hinten nachschieben.

Kolk hat natürlich überhaupt keine Probleme, den Hang hinaufzukommen. Er hüpft aufgeregt von Ast zu Ast und schreit lauter Unsinn.

Als die Kinder endlich den Fuchsbau erreichen, hüpft Kolk dort schon vor dem Eingang herum. Aber die anderen müssen erst mal verschnaufen. Erschöpft lassen sie sich nieder, atmen kräftig durch und kraulen Elia, der sich ebenfalls zu ihnen gelegt hat.

„Mensch, da ist Kolk ja schon!" Als Erste erkennt Hanna die günstige Gelegenheit. „Bleibt alle sitzen", befiehlt sie und kriecht langsam zum Höhleneingang. „Ich hab doch da drinnen was gehört", flüstert sie, gerade so laut, dass Kolk es hören muss. Sie kriecht an dem Vogel vorbei und schaut in die Höhle hinein. „Habt ihr auch was gehört?", fragt sie die anderen und schaut wieder in die Höhle.

„Ja, klar. Natürlich. Was kann das nur sein?", antworten die Jungen.

Und Kerlchen ruft: „Kolk fangen macht Spaß!"

„Blödmann", schimpft Sylvia. „Verrate uns doch nicht!"

„Als ob der Vogel uns versteht", flüstert Franz. Langsam kriecht er Hanna hinterher. „Was hast du da gehört?" Er tut genauso unschuldig und starrt dann wie Hanna neugierig in die Höhle.

„Irgendwas ist da", antwortet Hanna und kriecht noch ein Stück in den Gang hinein.

Bald liegen alle sieben Kinder auf dem Bauch vor der Höhle und flüstern einander zu, während Hanna schon fast in der Höhle verschwunden ist. Dann zwängt sie sich wieder heraus.

„Wenn ich nur wüsste, was da drinnen ist", sagt sie.

Mit keinem Blick nach Kolk verrät sie dabei ihre Absicht.

Das macht den Vogel unvorsichtig. Neugierig, wie er nun mal ist, hüpft er an Hanna vorbei und schaut ebenfalls in die Höhle hinein. Dabei legt er den Kopf ganz schief und lauscht. Aber er hört nichts. Also hüpft er noch ein paar Schritte weiter und horcht in die Höhle hinein. Kein Kind macht auch nur den leisesten Muckser, so gespannt sind sie. Hanna selbst atmet kaum noch. Kolk neigt seinen Kopf zur anderen Seite und horcht. Nichts zu hören. Er wagt sich noch ein Stück weiter vor ...

Kaum ist Kolk in den Höhleneingang hineingehüpft, da springen die sieben Kinder auf und versperren ihm den Rückweg.

Juhu! Endlich ist Kolk gefangen!

Schnell holt Hanna den mitgebrachten Sack aus ihrer Jackentasche. Jetzt müssen sie Kolk nur noch in diesen Leinensack bekommen, dann haben sie ihn.

Von innen hören sie wütendes Geschimpfe. Typisch Kolk, denkt Hanna. Er hasst ja die Gefangenschaft. Aber es ist doch für seine eigene Sicherheit.

Hanna öffnet den Sack und zusammen mit den großen Jungen hält sie die Öffnung genau vor den Höhleneingang. Wenn Kolk nicht den Rest seiner Tage im Fuchsbau verbringen will, dann bleibt ihm keine andere Wahl, als in den Sack zu springen.

So jedenfalls hat Hanna sich das ausgedacht. Doch Kolk scheint gar nicht daran zu denken, so schnell aufzugeben. Der Sack bleibt leer.

Als sich nach einer Weile immer noch nichts rührt, steckt Hanna vorsichtig einen langen Stock zwischen Sack und Höhlenwand in die Fuchsröhre.

Wieder ertönt ein wütendes Geschrei von innen, aber immer noch hüpft kein Kolk in den Sack. Also gilt es zu warten. Die Kinder setzen sich wieder hin. Zwei Stöcke halten den Sack so dicht an den oberen Rand des Eingangs, dass sich dort bestimmt kein großer Rabe hindurchzwängen kann. Und unten halten die Kinder selbst den Sack fest. Für Kolk ist ein Entkommen unmöglich. Sogar Elia scheint das einzusehen. Er hat sich hingelegt und schläft ganz fest.

Kolk jedoch kommt und kommt nicht aus der Höhle heraus. Die Kinder locken ihn, schimpfen, locken wieder, stecken lange Äste in den Eingang, um Kolk endlich zur Aufgabe zu zwingen. Doch nichts rührt sich. Nicht einmal das übliche Gezeter ist mehr zu hören. Es ist einfach nur still.

„Er kann sich ja nicht in Luft auflösen", sagt Franz und schaut vorsichtig durch einen schmalen Spalt in die Höhle hinein. Aber da ist es nur dunkel. Einen schwarzen Raben in einem schwarzen Loch zu sehen, ist ja auch schwierig.

„Herumfliegen kann er da drinnen auch nicht", meint Josef und schaut ebenfalls vorsichtig auf der anderen Seite in den Gang hinein.

„Passt auf, dass er sich nicht hindurchzwängt", flüstert Hanna. Sie ahnt schon, dass es wohl doch nicht so leicht sein wird, Kolk auf diese Weise in den Sack zu bekommen.

„Komm endlich raus, du dummer Vogel", schimpft sie leise. „Wir wollen ja nur dein Bestes."

Auch Elia, der wieder aufgewacht ist, scheint den Ernst der Situation zu begreifen und ruft: „Iiih-aa, iiih-aa."

Aber nichts rührt sich. Kolk ist wie vom Erdboden verschluckt.

So sitzen die Kinder da und wissen nicht, was sie machen sollen. Das Einzige, was ihnen noch übrig bleibt, ist zu warten, dass dieser verrückte Vogel sich ergibt. Denn er muss ja in den Sack hüpfen, will er nicht ewig in der Höhle bleiben.

Aber wie furchtbar erschrecken die Kinder, als sie plötzlich das hämische Gelächter von Kolk hören, und zwar von hoch oben aus der Luft! Er zieht seine Kreise über ihren Köpfen und lacht sie aus.

Wo kommt der nur her?, fragen sich alle.

Und Kolk, als wolle er ihnen zeigen, wie er sich aus dem Fuchsbau befreit hat, hüpft wieder auf den Boden und springt zu einem anderen Erdloch, schaut dort hinein, springt wieder hinauf auf einen Ast und krächzt und krächzt. Er macht einen Lärm wie nie zuvor, so scheint er sich über seine List zu freuen.

„Dieser Mistvogel!" Franz hat als Erster seine Fassung wieder gefunden. „Er ist durch den Fuchsbau zu einem anderen Eingang gekrochen."

„Ein schlauer Fuchs", findet Kerlchen.

„Da können wir lange warten mit diesem blöden Sack hier", schimpft Franz weiter.

„Einen Kolkraben mit einem Sack fangen. So was Bescheuertes", meint daraufhin auch Josef.

Nur Hans und Role finden, dass die Idee eigentlich ganz gut war. Bloß sei Kolk halt schlauer als sie alle zusammen.

„Aber morgen ist doch die Treibjagd", schreit Franz plötzlich.

Im ersten Moment ist Hanna wie erstarrt.

Dann springt sie auf und ruft: „Was soll das heißen? Die Treibjagd?"

„Die gibt es doch jedes Jahr", sagt Franz. „Das halbe Dorf nimmt daran teil. Dein Vater auch."

„Und?", will Hanna wissen. „Was hat das mit Kolk zu tun?"

„Nichts Direktes." Franz tut wieder ganz harmlos.

Aber nun überfallen ihn auch die anderen Kinder mit Fragen.

„Wollen die Jäger Kolk abschießen?" Damit bringt Hans schließlich alle Fragen auf den Punkt.

„Nicht so, wie ihr meint", weicht Franz der Frage aus.

„Wollen sie oder wollen sie nicht, du Blödsack?"

„Was weiß ich!"

„Mann, ist das gemein!", ruft Sylvia.

Alle sind jetzt aufgestanden und umlagern die „Zwillinge".

Nur Hanna beteiligt sich nicht mehr an dem Streit. Jetzt versteht sie endlich, warum Franz ihr unbedingt helfen wollte, Kolk zu fangen. Damit sein Vater bei der Treibjagd Kolk nichts anhaben kann. Er wollte ihr also wirklich helfen.

Doch was wird jetzt mit Kolk? Fangen lässt er sich nicht mehr. Also muss man ihn irgendwie anders retten. Aber wie?

Auf einmal merkt Hanna, dass jemand sie am Arm stößt. Es ist Elia. Er steht wieder neben ihr wie so häufig, wenn es brenzlig wird. Was will er ihr denn nur sagen? Zu dumm, dass Esel nicht reden können. Hanna streichelt ihm über den Kopf, biegt seine langen Ohren nach unten und muss fast lachen, so komisch sieht das aus. Wie ein richtiger Hängeohresel. Auch Elia scheint das zu gefallen, denn er schmiegt sich ganz eng an Hanna.

Doch gleich muss sie wieder an Kolk denken. Was

kann sie nur machen, damit ihm morgen nichts passiert?

Sie grübelt und grübelt und plötzlich fällt es ihr wie Schuppen von den Augen.

„Kommt!", ruft sie den anderen zu. „Ich habe einen Plan."

12. Kapitel
Die Treibjagd

Den ganzen Morgen schon hört man unten im Tal Schüsse. Wie in jedem Jahr gehen die Jäger zuerst den Fluss entlang und jagen Enten. Manchmal hören die Kinder ganz viele Schrotsalven kurz hintereinander. Da wissen sie, dass die Hunde wieder einen Schwarm Enten hochgescheucht haben und die Jäger jetzt voll drauflosballern.

„Die armen Enten." Sylvia schaut ganz traurig.

„Du isst doch auch Entenbraten zu Weihnachten und so", sagt Franz und blickt gespannt ins Tal hinunter. Er, sein Bruder Josef sowie Hans und Role sind heute Morgen schon ganz früh nach Buchenau gekommen. Und Sylvia hat bei Hanna übernachtet.

Jetzt warten sie alle oben an der Kapelle, falls die Treiber und die Jäger schon am Vormittag bis hinauf nach Buchenau kommen. Meist jagen sie hier oben erst am Nachmittag, aber sicher ist sicher. Und die

Kinder sind ohnehin so aufgeregt, dass sie nichts anderes machen könnten, als hier zu warten.

Es ist ein kalter Morgen. Zum ersten Mal in diesem Herbst liegt Raureif auf den Feldern und es ist neblig und kalt.

Die Bäume aber sind prächtig gefärbt und der Wald ist ein einziges Farbenmeer. Besonders schön leuchten die roten und gelben Blätter der Ahornallee, die nach Buchenau führt, im Dunst der ersten Sonnenstrahlen, die durch den Nebel dringen. Am Haus glüht der wilde Wein, die Büsche an der Kapelle stehen voller Hagebutten und die letzten Blumen im Garten sind eine wahre Pracht.

Doch Hanna hat heute kein Auge für all das Schöne ringsum. Obwohl sie einen dicken Anorak anhat, schlottert sie am ganzen Leib – wohl mehr vor Anspannung als vor Kälte.

Auch die anderen Kinder gehen unruhig auf und ab. Nur Kolk, dem diese ganze Aufregung gilt, sitzt seelenruhig auf dem Rücken von Elia und putzt sich die Federn, als ginge ihn das alles überhaupt nichts an.

„Solange du auf Elias Rücken sitzt, passiert dir nichts", sagt Hanna und streichelt ihren Esel.

Unten im Tal sind wieder Schüsse zu hören.

Nach dem Frühstück heute Morgen hat Papa zu Hanna und Sylvia gesagt: „Ihr zwei passt mir hoffentlich gut auf Kolk auf." Dann ist er mit der Flinte über der Schulter zur Jagd losgezogen.

„Pass du lieber auf dich auf!", hat ihm Mama noch nachgerufen. Und zu den Kindern hat sie gesagt: „Ihr drei bleibt heute weg von den Feldern, wenn die Jäger kommen, hört ihr!"

„Aber wir müssen doch Kolk retten...", protestierte Kerlchen, bevor er von Hannas Ellbogen einen Stoß in die Seite bekam und sofort verstummte.

„Nichts da mit irgendwelchen Heldentaten!", hat Mama gesagt. Dann hat sie sich über den Berg von Gulasch hergemacht, der auf der Anrichte lag. Die Jäger sollen eine Brotzeit mit heißer Suppe gereicht bekommen, wenn sie auf Buchenau ihre Jagd beenden.

„Diese ganze Jägerei ist mir überhaupt nicht geheuer", hat Mama noch gemurmelt und dann mit dem Zerschneiden der Fleischbrocken begonnen.

Die Kinder haben daraufhin schnell ihre Teller zum Abwasch gestellt und sind zum Stall hinuntergerannt, wo die Jungs schon gewartet haben.

Gut, dass Mama nicht gefragt hat, was sie vorhaben, denkt Hanna. Sie sollen heute nicht auf die Felder gehen, hat Mama gesagt. Aber das geht nicht, wenn sie Kolk retten wollen.

Hanna schaut die anderen Kinder an, wie sie alle gespannt ins Tal blicken. Gut, dass sie jetzt nicht allein ist, sondern Freunde hat. Auch wenn die „Zwillinge" die Söhne von Bauer Heini sind.

Kolk sitzt immer noch auf Elias Rücken und putzt sich.

Plötzlich sagt Franz, zu Hanna gewendet: „Meinst du nicht, dass er vielleicht sitzen bleibt, wenn wir jetzt mit Elia in den Stall gehen?"

Offensichtlich ist ihm nicht sehr wohl in seiner Haut. Wer stellt sich schon gerne gegen seinen eigenen Vater?

„Ja, vielleicht geht es doch", meint jetzt auch Josef. „Es wäre doch gelacht, wenn wir diesen blöden Vogel nicht fangen könnten, bevor die Jäger da sind."

„Er ist nicht blöd, sondern schlau", sagt Sylvia. „Aber das hilft ihm nichts, wenn er heute vielleicht abgeschossen wird."

Auch Hans und Role wollen es ein letztes Mal versuchen, Kolk zu überlisten. „Wir haben ja noch Zeit", sagt Role.

„Also gut", antwortet Hanna. Doch sie ist sicher, dass es nichts nützen wird. „Gehen wir zum Stall. Aber langsam. Und wir müssen ihn ablenken. Sonst merkt er sofort, was wir vorhaben."

Hanna geht voraus, mit Elia im Schlepptau, auf dem Kolk wie ein kleiner König thront. Nebenher läuft Kerlchen. Er soll Kolk ablenken, indem er ihn zu streicheln versucht.

Kaum streckt Kerlchen seine Hand aus, da hackt Kolk schon auf sie ein. Gestreichelt werden mag er überhaupt nicht, seitdem Hanna ihn damals im Sommer eingesperrt hat. Nur am Kopf darf man ihn manchmal noch kraulen, ansonsten wird er böse.

Nun legt Role seine Hand vorne auf Elias Rücken. Kolk springt herum und schimpft ganz laut. Da müssen die Kinder alle lachen. Jeder versucht, irgendwo seine Hand auf Elias Rücken zu legen, um Kolk zu ärgern.

Und wie der sich ärgern lässt! Er hüpft hin und her und hackt in alle Richtungen. Doch die Kinder sind schneller. Immer wieder strecken sie ihre Hände hinter Kolk, ziehen sie aber sofort weg, wenn der Vogel sich umgedreht hat.

Kolk wird immer wütender und passt deshalb nicht mehr auf, wohin Hanna den Esel führt. Sie zieht Elia hinter sich her, sperrt schnell das Tor zur Koppel auf, rennt zum Stall, reißt dort die Stalltür ...

Aber was macht plötzlich Elia?

Vielleicht hängt es mit seinem schlimmen Erlebnis im Kälberstall von Bauer Heini zusammen, als er dort eingesperrt war. Vielleicht liegt es auch nur daran, dass er eben ein Esel ist und deshalb auch mal stur sein will. Auf jeden Fall macht er gerade in dem Moment eine Vollbremsung, als Hanna ihn samt Kolk in den Stall ziehen will, um dann die Tür von innen zuzumachen. Womit Kolk endlich gefangen gewesen wäre.

So aber fliegt der Rabe mit einem Ruck nach vorne, überschlägt sich, donnert gegen die Stallwand, fällt zu Boden, steht wieder auf und rennt zwischen all den Kinderbeinen und den nach ihm greifenden Kinderhänden davon. Dann springt er in die Luft, fliegt laut schreiend hinauf zum Waldrand und verschwindet zwischen den Bäumen.

Die Kinder schauen ihm stumm und maßlos enttäuscht hinterher.

Als Erste bekommt Hanna ihre Stimme zurück. „Elia, du hast alles vermasselt!", schimpft sie.

In diesem Moment fällt ein Schuss. Und noch einer und noch einer. Von wo die Schüsse kommen, ist nicht auszumachen. Nur dass sie laut sind, ist nicht zu überhören. Die Jäger sind da.

„Alle hoch zur Kapelle!", ruft Hanna. Sie lässt Elia los und rennt, von den anderen gefolgt, den Berg hinauf. Zu dumm, dass sie Kolk nicht noch rechtzeitig in den Stall sperren konnten. Jetzt müssen sie also doch nach Hannas Plan handeln.

Oben an der Kapelle begegnen den Kindern schon die Treiber, die in einer langen Reihe über das Feld ziehen.

Fast alle Männer aus dem Dorf, die selber nicht jagen, gehen mit und helfen, für die Jäger das Wild aufzuscheuchen. Sie tragen rote Mützen und Jacken, damit kein Schütze sie im hohen Gras mit einem Hasen, einem Wildschwein oder einem Fasan verwechseln kann. Sie rufen immerzu „Hopphopphopp!" oder „Heiaheiaheia!" und schlagen dabei mit langen Stöcken auf den Boden, gegen Zaunpfähle, Büsche und Bäume und treiben so das Wild zum Wald hinauf. Dort oben stehen die Jäger, so gut versteckt, dass man sie kaum erkennen kann. Jeder hält sein Gewehr im Anschlag und viele haben einen Hund neben sich im Gebüsch liegen.

Und ausgerechnet dort, oberhalb der Jäger irgendwo in den Baumkronen, sitzt Kolk. Hanna wird ganz schwindelig bei dem Gedanken daran. Auf keinen Fall darf sie jetzt Kolk verraten. Kein Kind darf das.

Deshalb ruft sie wie vereinbart: „Fang mich doch, fang mich doch!", und läuft auf die Wiese hinaus und zwischen den Treibern hindurch.

„Bist du verrückt geworden?", ruft ihr der erste Treiber hinterher. Und der zweite brüllt ihr nach: „Komm zurück, du blödes Kind!"

Aber weder Hanna noch die anderen Kinder hören auf die Treiber. Sie tun so, als ob sie nur Fangen spielen würden. Jeder fängt jeden, so laut es nur geht. Mitten zwischen den Treibern!

Die völlig verdutzten Männer stehen da und trauen ihren Augen nicht. Die Kinder rennen wie wild umeinander, lachen, stürzen und überschlagen sich. Auch die Jäger am Waldrand wollen zuerst nicht glauben, was sie sehen: Kinder bei der Treibjagd. So etwas hat es noch nie gegeben. Verrückt gewordene Kinder. Das kann nur auf Buchenau passieren!

„Verscheucht doch endlich diese Bande!", brüllt ein Jäger den Treibern zu.

„Wie denn?", antworten die Treiber.

„Wenn ihr Hasen Beine machen könnt, dann müsst ihr doch auch mit Kindern fertig werden!", ruft jemand zurück.

Also rennen nun die Treiber den Kindern hinterher. Damit wird das Ganze noch toller, denn jetzt ist es ein wirkliches Fangenspiel geworden. Die Kinder hüpfen und flitzen johlend hin und her, während ihnen die Treiber in ihren dicken Stiefeln schimpfend und schwerfällig hinterherrennen.

Kerlchen haben sie bald erwischt und auch Sylvia kann nicht schnell genug entkommen. Die anderen aber lassen sich nicht so leicht einfangen. Sie schlagen Haken wie die Hasen, gackern wie die Fasane und grunzen wie die Schweine, dass es eine wahre Freude ist. Und auch Kerlchen und Sylvia strampeln und beißen so wild um sich, dass die Treiber sie wieder fallen lassen müssen.

„Die sind völlig irre geworden, diese Kinder", schimpft einer und schüttelt seine verletzte Hand.

„Was soll das bloß alles?", fragt der andere.

In der Tat, unter den Treibern und Jägern begreift niemand, was hier vor sich geht. Auf jeden Fall ist auf dieser Wiese nichts mehr zu jagen. Einige der Männer gehen schon weiter den Berg hinauf, in der Hoffnung, dass sie oben im Wald ungestört jagen können.

Nur zwei unter ihnen ahnen, was mit den Kindern wirklich los ist. Der eine ist Heini, der Jagdherr, der immer wütender wird. Der andere ist Hannas Vater, der immer mehr schmunzeln muss. Diese Hanna mit ihren verrückten Ideen! Er will gerade auf die Wiese hinauslaufen und diesem Tollhaus ein Ende bereiten, als er die schweren Flügelschläge eines großen Vogels hört, der durch die Äste hindurch aufs Feld fliegt.

Plötzlich fällt ein Schuss.

Kinder, Treiber, Jäger – alle bleiben stehen, wo sie gerade sind, und schauen nach oben.

Es ist Kolk, der getroffen wurde. Kolk, den die Kinder unbedingt beschützen wollten. Kolk, der es in seinem Versteck nicht mehr ausgehalten hat und auf einmal mitspielen wollte. Kolk, der dann ausgerechnet Heini vor die Flinte geflogen ist. Die Schrotladung hat ihn zwar nicht voll getroffen, trotzdem erkennt man, dass er verletzt ist. Zuerst stürzt er, dann fängt er sich im Fall auf und gleitet in einem weiten Bogen wieder hoch hinauf in die Luft. Dabei hängt ein Flügel etwas zur Seite. Trotzdem lässt er sich nicht wieder fallen, sondern fliegt immer im Kreis umher. Er versucht sogar Höhe zu gewinnen, was ihm aber nicht gelingt. Obwohl er weiterhin kräftig mit einem Flügel schlägt, werden die Kreise immer enger.

Alle verfolgen gebannt, wie der Vogel um sein Leben kämpft. Niemand kann ihm helfen. Aber die Kinder versammeln sich langsam unter dem immer engere Kreise ziehenden Kolk, um ihn aufzufangen, sollte er zu Boden fallen.

Plötzlich hören sie einen Schrei. Es ist Hannas Vater. Er schreit: „Heini, nein!"

Am Waldrand steht Heini und hält sein Gewehr auf den flatternden Vogel gerichtet.

„Nein!", rufen jetzt auch viele Treiber und alle Kinder, am lautesten aber Hanna. Ganz außer sich vor Zorn, rennt sie auf Heini los. Doch der senkt immer noch nicht sein Gewehr. Er scheint darauf zu warten, dass Kolk noch weiter hinuntersackt, um ihn beim nächsten Schuss besser treffen zu können.

Da, auf einmal rennt noch jemand auf Heini zu. Erkennen kann man nur zwei lange, graue Ohren im fahlen Gras, das hier nicht abgemäht wurde. Zwei sehr schnelle Ohren.

Jetzt hat auch Heini sie entdeckt. „Vorsicht, Hase!",

brüllt er, und alle Jäger, die noch am Waldrand stehen, reißen ihre Gewehre hoch.

„Das ist doch Elia!", schreit Hanna, die sogar im Laufen ihren Esel sofort erkannt hat. „Er will zu mir. Nicht schießen!"

Nun sehen auch die Treiber und die Jäger, dass es Elia ist. Sie stehen wie versteinert da.

„Heini wird doch nicht etwa ...", stammelt ein Treiber leise.

„Ich trau's ihm zu", sagt ein anderer.

Nur Hanna rennt jetzt noch schneller als zuvor auf Elia zu. Oh, wie poltert ihr Herz, wie rasen ihr die Gedanken durch den Kopf! Bitte, bitte, Elia soll am Leben bleiben!

Erst jetzt begreift auch Heini, dass er nicht mehr schießen kann. Er lässt das Gewehr fallen. „Diese verrückten Kinder!", schimpft er. Hanna aber fällt Elia um den Hals. Es ist nichts passiert! Elia ist gerettet!

Nun kommen auch die Kinder angelaufen. Sie sind außer sich vor Freude. Alle wollen Elia streicheln und ihn beruhigen. Dabei sind sie doch selber noch ganz aufgeregt.

„Das war vielleicht ein Schrecken!", meint Role. „Aber zum Glück ist Elia nichts passiert."

„Elia, der Held des Tages!", ruft Sylvia. Sie biegt Elias Ohren ganz nach vorne und bewegt sie so, als ob sie winken würden.

„Wieso Elia? Wir sind doch die Helden", findet Kerlchen.

„Aber es war doch Elia, der Heini von Kolk abgelenkt hat, du Held", sagt Hans. Er hebt Kerlchen hoch und setzt ihn auf den Esel.

„Heini, dieser Schuft!" Sylvia spuckt aus.

„Mein Vater hätte bestimmt nicht geschossen!", sagt nun Franz sehr bestimmt.

„Ach, nein? Und wer hat auf Kolk geschossen?" Jetzt ist Sylvia richtig böse.

„Weil er Kolk mit einem Fasan verwechselt hat", sagt Hannas Vater, der jetzt mit Heini und ein paar anderen Männern hinzugekommen ist.

Alle schweigen betreten. Heini ist zwar der Jagdherr, aber was er sich heute geleistet hat, das war nicht richtig.

„Wie kann man einen schwarzen Kolkraben mit einem bunten Fasan verwechseln?", fragt endlich einer der Treiber. „Und einen Esel mit einem Hasen. Ausgerechnet Heini, unser Schützenkönig!"

Alle müssen schmunzeln und Heini wird ganz rot vor Verlegenheit.

„Gegen den Himmel sah es wirklich wie ein Fasan aus. Das habe ich selbst zuerst auch gemeint", sagt Papa. „Und was Elia angeht, haben wir doch alle zunächst nur die Hasenohren gesehen."

„Die Nachbarn halten mal wieder zusammen", findet da ein weiterer Jäger. „Aber man schießt einfach nicht, wenn überall Kinder herumtollen."

„Das ist eine andere Geschichte, die ich mit meiner Tochter ausmachen muss", sagt Papa streng.

Da endlich löst Hanna ihre Arme von Elias Hals und steht auf. Unsicher schaut sie um sich.

„Wo ist Kolk?", fragt sie.

Alle schauen zum Himmel, aber der verletzte Vogel ist nirgendwo zu sehen.

„Kooolk!", rufen die Kinder. „Kooolk!", rufen auch die Erwachsenen.

„Korp, korp!", antwortet es leise aus dem hohen Gras hinter ihnen.

Und schon kommt da der Rabe angehüpft. Die Leute machen ihm Platz, und mit einem Sprung sitzt er dort, wo er am liebsten sitzt, auf Elias Rücken.

„Kolk, mein Vogel!", sagt Hanna erleichtert und streichelt ihm zärtlich über den Kopf. Was ihn nicht zu stören scheint. Also streicheln ihn auch die anderen Kinder und diesmal lässt Kolk es sich gefallen. Ja, er scheint es richtig zu genießen, so im Mittelpunkt zu stehen.

Erst als Papa ihn vorsichtig hochhebt und den verletzten Flügel untersucht, protestiert er wieder lauthals. Doch jetzt sind so viele Hände um ihn gelegt, dass er sich überhaupt nicht wehren kann. Schimpfen kann er aber immer noch, und wie!

„Wenn er so schreit, geht es ihm wohl nicht so schlecht", meint Papa und schaut sich den ausgestreckten Flügel genau an. Nach einer Weile fügt er hinzu: „Seine Federn sind etwas zerzaust und ein paar sind auch abgebrochen. Aber die wachsen bald nach. Sonst jedenfalls ist nichts verletzt. Kolk hat großes Glück gehabt."

Während nun die ganze Jagdgesellschaft nach Buchenau schlendert, wo es Gulaschsuppe und eine Brotzeit gibt, macht Papa mit Hanna einen Umweg über die Felder. Sie legt ihre Hand in seine und sie sagen eine Weile lang nichts.

Als sie bei der Kapelle ankommen, bleiben sie stehen. Beide schauen über das weite Land. Dann blickt Papa Hanna an und sagt: „Was du da vorhin gemacht hast, war nicht ganz ungefährlich."

„Ich weiß. Aber wir wollten doch nur, dass ihr weiterzieht und irgendwo anders jagt, damit Kolk nichts passiert."

„Das verstehe ich ja", sagt Papa. „Aber du siehst, es ist trotzdem etwas passiert. Und wie leicht hättet ihr etwas abbekommen können. Elia war wegen euch in großer Gefahr."

Das weiß Hanna auch. Vielleicht wäre es wirklich am besten gewesen, sie hätten gar nichts gemacht.

„Aber Heini wollte Kolk doch abschießen", sagt sie kleinlaut.

„Das wollte er eben nicht", sagt Papa. „Wir haben heute Morgen vor der Jagd miteinander darüber geredet. Es war wirklich ein Unfall."

„Das sagst du nur, weil du mit ihm keinen Streit haben willst."

Papa schweigt eine Weile. Dann sagt er: „Heini hat mir versprochen, Kolk nie wieder etwas anzutun."

„Das hat er wirklich gesagt?", fragt Hanna ungläubig. „Soll das heißen, dass wir Kolk nun doch nicht einsperren müssen?"

„So ist es. Wenn er nicht wieder etwas Schlimmes anstellt."

„Dann darf er also wirklich frei bleiben?" Hanna kann es immer noch kaum glauben.

„Ja, er darf frei bleiben", sagt Papa und muss schmunzeln. Auch er erinnert sich an ihr Gespräch im Frühjahr, über die Tiere und die Freiheit.

Hanna weiß gar nicht, was sie sagen soll, so sehr freut sie sich. Sie schaut über das Land bis hin zu den Bergen in weiter Ferne. Dann wendet sie sich wieder ihrem Vater zu.

„Papa?"

„Ja."

„Trägst du mich auf deinen Schultern nach Hause?"

„Klar mache ich das", sagt Papa und stemmt Hanna hinauf.

Und dann kehren die beiden froh und erleichtert nach Buchenau zurück.

13. Kapitel
Weihnachten im Stall

Der Winter kommt früh in diesem Jahr. Ende November wird es auf einmal bitterkalt und schon nach wenigen Tagen ist der Teich unten im Tal fest zugefroren.

Am ersten Advent geht Papa mit einigen Männern aus dem Dorf zum Eisstockschießen und Mama, Oma und Hanna backen die ersten Weihnachtsplätzchen. Hanna mag es besonders gern, wenn es draußen friert und drinnen in der Küche ganz warm und gemütlich ist und das ganze Haus nach Weihnachten riecht.

Eigentlich ist sie ja am allerliebsten draußen bei den Tieren. Aber wenn es darum geht, Teig zu kneten und zu naschen, auszurollen und Figuren auszustechen, dann muss sie einfach dabei sein.

Und Elia und Kolk natürlich auch.

Elia steht vor dem Küchenfenster und schaut, was drinnen so alles passiert. Währenddessen sitzt Kolk auf der Mauer vor der Küchentür, weil er von dort noch besser hineinschauen kann als von Elias Rücken aus. Diese Plätzchen in der Küche interessieren ihn sehr. Als er aber merkt, dass er nichts stibitzen kann, fliegt er ärgerlich auf die große Buche am Hofeingang von Buchenau und schimpft. Elia jedoch bleibt weiter vor dem Fenster stehen. Er hofft, dass Hanna bald kommt und mit ihm spielt. Elia ist wirklich ein sehr anhänglicher kleiner Esel.

Hanna allerdings hat heute wenig Zeit für ihn. Erst als das erste Blech mit braun gebackenen Lebkuchen aus dem Ofen kommt, öffnet sie die Küchentür, damit Mama das Blech auf die Mauer stellen kann, wo die Kuchen abkühlen sollen, und geht zu Elia.

„Die sind aber nicht für dich, hörst du", flüstert sie in sein Ohr und streichelt ihm über den Kopf. „Die sind für unsere Nachbarn."

Im Dorf ist es Sitte, sich vor Weihnachten gegenseitig zu besuchen und dabei allerlei Backwerk auszutauschen. Jeder bringt eine Tüte seiner besten Plätzchen und Lebkuchen mit und bekommt dafür ebenfalls eine große Tüte mit allerlei Leckereien geschenkt. So hat jede Familie zu Weihnachten Plätzchen, Pralinen und Gebäck aus jedem Haus der Nachbarschaft und man kann die Backkunst der Frauen miteinander vergleichen. Sogar einige der Männer beteiligen sich an diesem „Wettbacken", wie Mama es nennt. Sie selbst ist auch ganz schön ehrgeizig und freut sich, wenn ihre Plätzchen gelobt werden.

„Später bekommst du etwas Hafer", sagt Hanna zu Elia und hilft dann ihrer Mutter, das heiße Blech auf der Mauer abzustellen. Sie kehrt das trockene Laub weg und macht die Mauer sauber, damit das Blech gerade stehen kann. Dann gehen die beiden wieder zurück in die Küche.

Elia folgt ihnen bis vor die Tür und schaut Hanna durch das Fenster nach. Von seinem warmen Atem ist das Glas schon ganz beschlagen.

Hanna klopft von innen gegen das Glas. „Bin ja gleich wieder da. Ich vergess dich schon nicht", ruft sie und steckt sich ein großes Stück Teig in den Mund.

Aber haben Hanna und ihre Mutter nicht doch jemanden vergessen?

Kaum ist die Küchentür wieder zu, da schwingt sich Kolk von seinem Baum herunter und landet direkt neben dem Kuchenblech. Vorsichtig lugt er, ob das wohl wieder ein Trick von Hanna ist, um ihn einzufangen. Aber nichts rührt sich. Elia steht immer noch am Fenster und aus der Küche dringen nur die leisen Geräusche beschäftigter Menschen.

Schnell packt Kolk einen Lebkuchen. Oh, ist der heiß! Erschrocken lässt er ihn fallen und schaut nach der Küche hin. Nichts rührt sich. Wieder beäugt er die Kuchen. Ein ganzes Blech voller Herrlichkeiten ...

Vorsichtig packt er jetzt einen Lebkuchen mit dem vorderen Teil seines Schnabels. Der Lebkuchen ist immer noch heiß, aber es lässt sich aushalten. Er hüpft von der Mauer, läuft mit dem Kuchen im Schnabel zur Buche und schwingt sich auf einen der unteren Äste. Dort versteckt er den Lebkuchen in einer Höhle im Stamm, wo er auch noch viele andere Kostbarkeiten gelagert hat: ein Stück getrockneten Schweinespeck, zwei abgerissene Arme einer Puppe, einen Silberlöffel und einen inzwischen rostig gewordenen Schlüssel.

Möglichst leise fliegt er dann wieder zur Mauer zurück, lugt umher, packt den nächsten Kuchen, hüpft, rennt, schwingt sich auf den Baum und versteckt auch diesen in seiner Geheimhöhle. Noch immer rührt sich nichts. Also noch einmal und noch einmal. Bald geht es viel schneller, denn die Lebkuchen kühlen bei dieser Kälte rasch aus. Er kann sogar den ganzen Schnabel voll packen und damit zum Baum fliegen. Zwischendurch frisst er auch den einen oder anderen Kuchen auf. Ein wahres Rabenparadies ist das, wie herrlich!

Kolk hat gerade den letzten Lebkuchen geklaut, einen Nikolaus mit Bart und Zipfelmütze, und in einer weiteren Höhle im Baum versteckt, als Hanna und ihre Mutter mit einem zweiten Blech voller dampfender Plätzchen erscheinen. Auch dieses Mal begrüßt Hanna zuerst Elia, der die ganze Zeit an der

Küchentür auf sie gewartet hat. Mama geht schon zur Mauer.

Plötzlich schreit Mama auf. „Wer war das?" Sie dreht sich um, sieht Elia, stellt das Blech ab und stürzt sich auf den kleinen Esel. „Du Schuft!", schreit sie ihn an. „Warte nur, dir werde ich Beine machen! So etwas! Ein ganzes Blech mit Lebkuchen aufzufressen!"

Mama packt Elia am Halfter und zieht ihn von der Terrasse hinunter. Elia versteht nichts. Er ist so überrascht, dass er einfach mitläuft.

„Immer diese Tiere!", ruft ihnen Oma vom Küchenfenster aus nach. „Sie gehören in den Stall und nicht zu den Menschen."

Auch Hanna begreift zuerst gar nicht, worum es geht. Doch bald hat sie ihren ersten Schreck über Mamas Wutausbruch überwunden und gesehen, was los ist. Sie ahnt, wer hier der wahre Schuldige ist. Auf jeden Fall ist es nicht Elia. Sie rennt ihrer Mutter hinterher.

„Mama, er war es doch gar nicht. Warte!"

„So, und wer war es dann?", schimpft Mama weiter und zerrt den armen Esel hinter sich her.

„Er war es bestimmt", ruft Oma.

„Aber nein, Elia hat es nicht gemacht. Bestimmt nicht!", ruft Hanna und versucht, ihre Mutter zurückzuhalten.

„Und was hat er die ganze Zeit vor der Tür gemacht? Im Liegestuhl die Zeitung gelesen vielleicht!"

„Er hat doch nur auf mich gewartet. Er macht solche Sachen nicht."

„Egal, wer es war. Dein Esel kommt jetzt in den Stall! Sonst können wir hier noch bis Weihnachten Kuchen für die Tiere backen."

„Jawohl", ruft Oma. „Endlich!"

„Du bist ungerecht!" Hanna stampft mit dem Fuß auf den Boden, denn jetzt wird auch sie richtig wütend. „Elia ist der liebste Esel auf der ganzen Welt."

„Der liebste Kuchendieb, meinst du wohl", schimpft Mama zurück, wenn auch nicht mehr so wütend. Vielleicht war es ja doch nicht der Esel, sondern … Auch Mama beginnt zu ahnen, wer wirklich dahinter steckt. Trotzdem, der Esel gehört jetzt in den Stall, egal, was Hanna noch für Ausreden hat.

Als sie dann aber den traurigen Blick von Elia sieht, wie er da ganz alleine im Stall steht, lenkt sie doch ein wenig ein.

„Er muss ja nur hier bleiben, bis wir fertig gebacken haben", sagt sie versöhnlich zu Hanna, die sich trotzig neben Elia ins Stroh gesetzt hat.

Hanna antwortet nicht.

„Hanna, willst du uns nicht weiter beim Backen helfen?"

„Aber Mama, er war es wirklich nicht. Ich kenne ihn doch."

„Und wer war es dann?"

„Es war ..." Hanna schaut zum Gebälk hinauf, wo das Buchenmännchen wohnt. Nein, sie will ihren Vogel nicht verraten. Auch wenn Elia deshalb für ein paar Stunden unschuldig im Stall eingesperrt wird. Mama und Oma sind sowieso schon so oft wütend auf Kolk.

„Na, siehst du", sagt Mama. „Du hast auch keine bessere Erklärung als ich. Nun müssen wir halt neue Kuchen backen. Komm jetzt."

Hanna steht zögernd auf und folgt ihrer Mutter. Vielleicht ist es ja auch gut, dass Elia eine Weile im Stall bleibt, damit er nicht wieder für etwas beschimpft wird, was er gar nicht getan hat. Vor allem aber muss sie nun versuchen, Kolk wegzulocken, damit nicht auch er für etwas bestraft wird, wofür Elia schon gebüßt hat. Ganz traurig steht Elia da mit hängendem Kopf, sogar seine Ohren sind eingeknickt. Armer Elia! Aber nun gilt es erst mal, Kolk von neuem Unfug abzuhalten. Wo immer er jetzt ist.

Hanna muss nicht lange suchen. Schon auf dem Rückweg zum Haus sieht sie ihn von weitem in der großen Buche geschäftig umherhüpfen. Sie kann sich denken, was er da macht, der Schuft. Er zählt bestimmt seine Beute. Ein ganzes Blech voller Lebkuchen!

Wirklich nur ein Blech? Als Mama zum zweiten Mal aufschreit, hat Hanna schon verstanden, dass es dabei nicht geblieben ist. In all der Aufregung haben sie beide das neue Blech mit den Butterplätzchen ganz vergessen. Und nun ist auch das leer. Oje, jetzt wird es richtig Ärger geben!

Mama steht völlig fassungslos vor dem leeren Kuchenblech, das auf den Boden gefallen ist. Wie zum Hohn liegen einige Plätzchen halb angeknabbert ringsum auf der Erde. Und über ihnen fliegt jetzt auch noch Kolk und vollführt besonders waghalsige Flugmanöver, als ob er Mama noch zusätzlich ärgern wollte. Hanna würde am liebsten im Boden versinken, so fürchtet sie sich.

Doch Mama beruhigt sich erstaunlich schnell.

„Was bin ich nur für ein Dummkopf", sagt sie und schaut zu Kolk hinauf. Der stürzt gerade im Steilflug nach unten, schwingt sich wieder hinauf und macht dabei auch noch einen halsbrecherischen Looping. Er ist so ausgelassen, dass man wirklich meinen könnte, er würde sich über sie lustig machen.

Dieser Mistvogel, denkt Hanna. Trotzdem muss sie innerlich über ihn lachen.

„Also, dein Kolk kann einem manchmal ziemlich auf die Nerven gehen", meint Mama bitter. Dann jedoch muss auch sie schmunzeln. „Aber so ist es halt, wenn man Tiere hat", sagt sie und fügt nach einer kurzen Pause schelmisch hinzu: „Und eine Tochter, die sie nicht erziehen kann."

„Aber Mama, ich …"

„Schon gut", unterbricht sie Mama. „Das mit den Plätzchen ist nicht dein Fehler, sondern meiner. Ich habe Kolk einfach vergessen."

Als ob Kolk das verstanden hätte, tönt es von oben: „Kooorrrp, kooorrrp!"

Mama und Hanna schauen hinauf. Diesmal flattert der Vogel auf der Stelle. Er sieht verdutzt aus, als ob er bei seinem Gekreische etwas aus seinem Schnabel verloren hätte.

Und schon kommt er im Sturzflug heruntergeschossen. Das Plätzchen aber kann er nicht mehr einholen. Es fällt wenige Meter vor Mama und Hanna auf den Boden und zerbricht.

Mama hebt die Teile auf.

„Wenigstens brauchen wir nun den Vogel bis Weihnachten nicht mehr zu füttern", sagt sie und wirft die Plätzchenteile wieder weg.

Hanna schaut Kolk nach, der verstohlen zum Wald hinauffliegt und zwischen den Bäumen verschwindet.

„Ich glaube, er hat ein schlechtes Gewissen", sagt sie zu Mama.

„Ich glaube eher, er hat Angst vor meinem Donnerwetter", antwortet Mama und muss wieder schmunzeln. „Geh und hol den armen Elia aus dem Stall. Und sag ihm, es tut mir Leid. Aber bleib mir dann mit deinen ganzen Tieren von der Küche fern! Hörst du!" Sie gibt ihrer Tochter einen zärtlichen Klaps auf den Hintern und Hanna eilt zurück zum Stall.

Nach der großen Kälte kommt der Schnee. Einige Tage vor Weihnachten beginnt es abends zu schneien. Hanna und Kerlchen sehen durchs Fenster die dicken Flocken im Licht der Laterne herunterwirbeln und rennen hinaus. Sie laufen durch das Schneegestöber und versuchen, einzelne, besonders große Flocken zu fangen.

„Schneeflöckchen, Weißröckchen, wie kommst du geschneit", singt Hanna und fühlt eine Unruhe, die sie sich gar nicht richtig erklären kann.

Liegt es vielleicht daran, dass der erste Schnee im Winter etwas so Wunderbares ist?

Auch Kerlchen ist ganz aufgeregt und will sofort seinen Schlitten aus dem Geräteschuppen holen. Aber es ist noch viel zu wenig Schnee, um darauf zu fahren. Enttäuscht geht er wieder ins Haus, während Hanna noch lange vor der Haustür stehen bleibt.

Sie schaut zu, wie der Hof und die Dächer, die Büsche und die Bäume, wie die kleine Welt, die vom Lichtkegel der Laterne erleuchtet ist, langsam weiß wird. Es ist, als würde sie in einer dunklen und geheimnisvollen Grotte stehen, die immer heller und weiter und behaglicher wird. Und plötzlich weiß

Hanna, so heftig wie selten, dass sie sehr glücklich ist und sich sehr geborgen fühlt, hier auf Buchenau.

Es ist noch dunkel draußen, als Hanna am nächsten Morgen aufwacht. Trotzdem kann sie an dem vielen Schnee auf dem Fensterbrett erkennen, dass es die ganze Nacht weitergeschneit hat. Und es schneit immer noch.

Sie zieht sich schnell an und läuft zum Stall hinunter. Der weiche Schnee reicht ihr bis zu den Waden. So viel hat es geschneit. Gut, dass heute Sonntag ist, der vierte Advent, und sie nicht zur Schule muss. Das wäre natürlich auch schön gewesen, zuerst durch den tiefen Schnee bis zum Dorf zu laufen und dann mit den anderen Kindern im Schnee zu toben.

Aber noch schöner ist es, Elia den Schnee zu zeigen. denn er kennt ja Schnee noch gar nicht, ist noch nie durch Schnee gerannt oder hat sich nie darin gewälzt. Wie der wohl staunen wird.

Als Hanna in den Stall tritt, liegt Elia neben seinen Eltern und schläft tief. Auch die Schafe, die Ziegen und Rinder liegen noch alle im Stroh und die Hühner sitzen noch auf ihren Stangen. Nur Flecki und die Pferde sind schon aufgestanden.

Hanna wirft ihnen schnell etwas Heu in die Raufe, gibt auch den Schafen und Ziegen, die langsam aufstehen, Heu und geht dann in die Eselbox, wo sie mit einem lauten „Iiih-aa" von Roberto begrüßt wird. Hanna krault ihn zwischen den Ohren, wie er es gerne mag.

Langsam wacht nun auch Elia auf und blinzelt.

„Komm mit, du Schlafmütze", sagt Hanna. „Ich zeig dir was Tolles, was du noch nie gesehen hast."

Elia steht verschlafen auf und schmiegt seinen weichen Kopf an Hannas Bauch. Er ist zwar nicht mehr so wuschelig wie damals, als er noch ein kleines Fohlen war. Aber er ist immer noch sanft und schön und überhaupt … Manchmal tut es Hanna richtig Leid, dass nicht alle Kinder auf der ganzen Welt so einen kleinen Esel als Freund haben können, den sie streicheln und mit dem sie viele Abenteuer erleben können. Ja, und dem sie den ersten Schnee zeigen können.

Als Hanna und Elia aus dem Stall ins Freie treten, reagiert Elia zuerst gar nicht. Wie immer trippelt er hinaus, bleibt dann aber plötzlich erschrocken stehen und versucht, gleichzeitig alle vier Hufe aus dem Schnee zu ziehen. Dabei fällt er fast um, denn das geht natürlich nicht. Dann hebt er staunend ein Bein nach dem anderen und beschnüffelt zugleich dieses komische weiße und kalte Zeug, das überall herumliegt. So tief zieht er dabei die Luft ein, dass er niesen muss. Da stäubt der Schnee und auf einmal ist sein ganzer Kopf davon umnebelt. Vor lauter Schreck macht Elia einen Sprung und rennt los. Dabei rutscht er sofort auf dem glatten Untergrund aus. In einer Wolke von Schnee fällt er hin, steht aber gleich wieder auf und ist nun über und über mit Schnee bedeckt.

Das alles ist so lustig, dass Hanna ganz heftig lachen muss. Ihr tut sogar schon der Bauch weh vor Lachen.

Als sie sieht, dass Elia verschüchtert in den Stall zurückkehren möchte, hält Hanna ihn am Halfter fest und sagt: „Warte, ich zeig dir, wie du es machen musst."

Sie führt ihn ganz langsam durch den Schnee. Und siehe da, wenn man sich vorsichtig bewegt, kann man durch dieses weiße Zeug sogar laufen. Sie geht auf die tief verschneite Koppel hinaus und lässt ihn wieder los. Hier hat Elia einen besseren Halt. Er beginnt sogar von selber zu laufen. Immer schneller rennt er durch den Schnee, dass es nur so stäubt. Hanna rennt ihm hinterher, wirft mit ihren Händen und Armen Schnee in die Luft und schreit vor Lust und Vergnügen.

Nun wird auch Elia ganz ausgelassen, er umkreist Hanna und beide fallen sie in einer riesigen Schneewolke hin, rutschen den Hang hinunter, stehen wieder auf und toben weiter. Was gibt es Schöneres als frischen Schnee?

Am Nachmittag hat sich Elia so an den Schnee gewöhnt, dass Hanna und Kerlchen ihn vor den Schlitten spannen können. Dann gehen sie mit Papa gemeinsam in den Wald und suchen einen Fichtenbaum für Weihnachten aus. Kolk fliegt ihnen ebenfalls nach, hält aber, wie immer in der letzten Zeit, etwas Abstand. Vielleicht hat er noch ein schlechtes Gewissen wegen der Geschichte mit den Lebkuchen. Oder er ist einfach, wie Mama vermutet, zu voll gefressen und kann deswegen gar nicht mehr richtig fliegen.

Im Wald können sich die Kinder zuerst nicht für einen Baum entscheiden. Kerlchen möchte alle mitnehmen, während Hanna jeder Baum Leid tut, den sie absägen müssen. Aber Papa erzählt ihnen, dass die meisten Bäume sowieso im nächsten Jahr gefällt werden müssen, damit die restlichen genug Licht zum Wachsen bekommen.

Nun wählen sie gemeinsam einen besonders schönen aus, sägen ihn zu dritt ab und schütteln den Schnee von seinen Ästen. Dann legen sie den Baum auf den Schlitten und Elia schleppt ihn stolz bis nach Hause.

Dort muss er über Nacht im Warmen abtrocknen. Erst am nächsten Abend soll der Baum von Mama und Papa geschmückt werden. Da dürfen Hanna und Kerlchen nicht dabei sein, denn wie in jedem Jahr sollen der Weihnachtsbaum und die Geschenke darunter für die Kinder eine Überraschung sein.

Endlich ist Heiligabend. Den ganzen Tag schon sind die Kinder vor Erwartung ganz aufgeregt. Am Nachmittag kommen Almut und Caspar. Das macht die Spannung noch schlimmer, denn auch sie haben viele Pakete dabei, die sie in einem Korb versteckt ins Haus tragen. Trotzdem wissen die Kinder natürlich, was das bedeutet.

Am meisten aber freut sich Hanna, dass sie heute alle gemeinsam, bevor sie in die Kirche gehen, die Weihnachtsfeier im Stall beginnen werden. Sie hat es vorgeschlagen und alle waren damit einverstanden, sogar Oma.

Doch es dauert einfach zu lange, bis die Erwachsenen fertig sind. Immer wieder gehen sie ins Wohnzimmer und machen dabei sorgfältig die Tür hinter sich zu. Mama stellt überall Kerzen auf und Oma putzt zum wer weiß wie vielten Male Krümel von Opas Anzug weg. Dann fehlt noch etwas in der Küche, weiteres Geschirr wird ins Esszimmer getragen, plötzlich riecht es angebrannt und alle laufen zurück in die Küche. Es ist eine furchtbare Hektik.

Schließlich aber ist es so weit. Es ist schon dunkel, als die ganze Familie warm angezogen durch den Schnee zum Stall hinunterstapft. Papa und Hanna tragen beide eine Laterne, die anderen haben Kerzen in der Hand. Die müssen sie aber ausblasen, bevor sie in den Stall gehen.

„Wegen dem vielen Heu und Stroh", sagt Papa.

„Und weil die Tiere sich sonst erschrecken", meint Hanna.

Nur Mama lässt ihre Kerze brennen. Doch den Tieren macht das keine Angst, sie schauen nur erstaunt, als Mama auf eine Leiter steigt und die Kerze ins Buchenmännchenhaus hoch unter dem Dach stellt.

„Denn auch er soll ja Weihnachten mitfeiern dürfen", sagt Mama, als sie wieder herunterkommt. Dabei drückt sie Kerlchen an sich, der andächtig hinauf ins Gebälk schaut.

„Das Buchenmännchen ist doch lieb, oder?", fragt er etwas unsicher.

„Ja, er beschützt alle Tiere im Stall und passt auch auf euch Kinder im Haus auf, wenn ihr schlaft", erklärt ihm Mama.

„Aber zaubern kann er nicht ...", beginnt Hanna, wird jedoch schnell von Caspar unterbrochen, der sie zwickt und den Zeigefinger vor seinen Mund hält.

„Pssst", sagt er leise zu ihr, „wir wollen ihn doch jetzt nicht stören."

Das sieht Hanna natürlich ein.

Gestört aber werden sie von Kolk, der plötzlich aus dem Gebälk sein ewiges „Kooorrrrp!" brüllt und sich dann freudig fallen lässt, bis er knapp über ihren Köpfen abbremst und sich auf einen Balken neben Elia setzt.

„Oh, dieses Ungeheuer!", jammert Oma.

„Er ist nicht das einzige hier", sagt Opa und lacht unschuldig.

„Wen meinst du damit?", fragt Oma scharf, muss dann aber auch lachen. „Ach, du mit deinen Späßen", sagt sie, gibt Opa einen Schubs und fügt hinzu: „Warte nur, bis wir wieder zu Hause sind!"

„Oje", meint Opa dazu. „Lasst uns bitte lange hier im Stall Weihnachten feiern."

„Ja, das tun wir nun auch", sagt Papa.

Hanna stellt sich an die Seite von Elia. Ringsum

stehen die vielen Tiere und schauen neugierig auf die Menschen. Noch nie haben sie so viele auf einmal hier im Stall gesehen. Noch nie haben sie auch so viel Hafer bekommen wie heute Abend, jeder eine extra große Portion. Zufrieden stehen sie da und kauen.

Mama nimmt Papas Laterne und hebt sie so hoch, dass Papa beginnen kann, die Weihnachtsgeschichte aus der Bibel vorzulesen. Er macht es ganz langsam, damit ihn alle gut verstehen können.

Auch in der Weihnachtsgeschichte ist von einem Stall die Rede, von Wärme und Geborgenheit. Hanna laufen richtige kleine Schauer über den Rücken, so schön ist das. Sie krault Elia am Kopf, dann auch Rosina und Roberto, die sich ebenfalls neben sie gestellt haben.

Caspar und Almut kraulen gemeinsam Flecki, die sich das heute sogar gefallen lässt. Auch wenn das Pony nichts von all dem versteht, was hier vor sich geht, scheint es von der friedlichen Stimmung ebenso angesteckt zu sein wie die anderen Tiere auch. Menschen sind halt manchmal sehr komisch, mal aufgeregt und laut, mal friedlich und leise. Wer soll das verstehen?

Als Papa die Geschichte zu Ende gelesen hat, wünschen sich alle frohe Weihnachten. Mama hat ein paar Tränen in den Augen und Opa auch. Zuerst umarmen sich die Menschen, dann gehen alle ringsum zu den Tieren und streicheln sie mal über den Kopf, mal am Hals oder am Rücken.

Die Hühner flattern verschreckt umher und die Gänse rennen sogar davon, denn so viel Trubel sind sie nicht gewohnt. Den anderen Tieren aber scheint die viele Zuwendung zu gefallen. Sie brummen ein wenig vor sich hin und schieben die Unterlippe leicht nach vorne. Das ist immer ein gutes Zeichen dafür, dass sie zufrieden sind.

Kerlchen trägt Ene, Mene und Mink, seine drei Stallhasen, herum, die auch von allen gestreichelt werden müssen. Die Ziegen meckern vor Vergnügen, Elia schmiegt sich besonders eng an Hanna. Es ist so schön im Stall wie noch nie.

Nur Kolk hält sich abseits. Er plustert sich auf, putzt seine Federn und tut so, als ginge ihn das alles nichts an.

„Bist du immer noch beleidigt, weil du so viele Kuchen geklaut hast?", fragt Hanna spöttisch. „Es tut mir ja so Leid, dass du nicht noch mehr davon erwischen konntest."

Doch Kolk hebt nicht einmal den Kopf. So beschäftigt ist er mit seinem Federputz. Dann aber, als alle Menschen gemeinsam den Stall verlassen, springt er plötzlich hoch, macht einen großen Hüpfer und landet auf Hannas Schulter. Sie erschrickt richtig, denn das hat er lange nicht mehr gemacht. Er ist auch ganz schön schwer geworden.

Vorsichtig hebt sie ihre Hand. Da streckt er ihr seinen Kopf entgegen und lässt sich kraulen.

„Sind wir also wieder Freunde?", fragt Hanna leise und freut sich, dass Kolk wieder der Alte ist.

„Koorrp", antwortet Kolk ebenso leise und hält ihr noch einmal seinen Kopf zum Streicheln hin.

„Hanna, kommst du?", hört sie ihre Mutter von draußen rufen. „Wir wollen doch zur Kirche."

„Aber dieses Mal ohne Tiere", fügt Oma streng hinzu.

Hanna trägt Kolk zu dem Balken über der Eselbox und setzt ihn neben Elia ab. Das wird wohl ab jetzt sein neuer Lieblingsplatz für die Nacht werden, denkt sie. Kolk und Elia, die zwei so ungleichen Freunde. Wie lieb sie die beiden hat! Kolk der Verrückte und Elia der Zarte.

Sie streichelt jedem noch einmal kurz über den Kopf. Dann rennt sie den anderen hinterher.

Im Reich der Eskimos

Mona und Erik Zimen
Danil und Wika
Die Welt am Ende der Welt
Mit farbigen Illustrationen
von Mona Zimen
224 Seiten

Omnibus 20374

Ab 10

Danil staunt nicht schlecht, als das russische Mädchen Wika in der sibirischen Eskimosiedlung Chaplino eintrifft. Wika weiß so gar nichts über die Robbenjagd, das Lenken eines Hundeschlittens und die klirrende Kälte, und doch werden sie Freunde. Aber mit Wikas Familie entbrennt ein heftiger Streit um die Zukunft der letzten Eskimos und die Väter der Kinder werden zu erbitterten Gegnern: Während Wikas Vater für das Vorhaben wirbt, den Lebensraum der Eskimos zum Nationalpark erklären zu lassen, widersetzt sich Danils Vater mit aller Macht der Vorstellung, zum »Vorzeige-Eskimo« zu werden.

»ein hinreißendes Jugendbuch«
FAZ

» fabelhaft informativ, glänzend illustriert«
Münchner Merkur

Der Taschenbuchverlag für
Kinder und Jugendliche von Bertelsmann
www.omnibus-verlag.de

Für Julia liegt das Glück der Erde auf dem Rücken der Pferde!

Ein Pflegepferd für Julia
OMNIBUS Nr. 20793

Julia und das weiße Pony
OMNIBUS Nr. 20794

Julia und der Hengst aus Spanien (Erscheint Juni 2001)
OMNIBUS Nr. 20795

Julias erster Wanderritt
(Erscheint September 2001)
OMNIBUS Nr. 20796

Christiane Gohl

Ab 10 Jahre

Die 12-jährige Julia ist eine begeisterte Reiterin. Ihre gesamte Freizeit verbringt sie im Reitstall, nimmt zusammen mit ihrer Freundin Kathi Reitstunden und kümmert sich um die Pferde von Stephanie, einer Profireiterin, die gern ihre große Erfahrung mit den Mädchen teilt. Vom Alltag mit den Tieren, aber auch von den kleinen und großen Abenteuern, die Julia und die anderen Reiter erleben, berichtet die Reihe von Christiane Gohl, einer echten Pferdekennerin.

Mit illustriertem Reiterlexikon.

Der Taschenbuchverlag für
Kinder und Jugendliche von Bertelsmann
www.omnibus-verlag.de